幼児の
運動あそび
親子で楽しむ
魔法のレッスン帖

運動する力が身につく段階的なプログラム!

まえがき

前著『子どもの身体能力が育つ魔法のレッスン帖』が好評をいただき、うれしいことにその第2弾を出版する運びとなりました。

今回のテーマは「幼児の運動あそび」。"あそび"とは言うものの、じつはこれこそが運動神経や身体能力の土台になると私は考えています。幼児期に、いかに多くの体の動きをあそびの中で経験するか。それがその後の運動能力を左右するのです。

＊

私は大学で「先生の卵たち」に運動学・コーチ学を教えています。学生には教員を目指す者が多数いますが、「運動の得意な人」がその多くを占めています。

では、なぜ彼らは運動が得意なのか？　それは技術以前に運動能力やスポーツをプレーしたりする力、俗に言う運動神経が発達していたからです。さらに言えば、運動が好き、体を動かすことが好きなのです。

では、なぜ彼らは運動が好きなのか？　それは小さい頃から体を動かす機会が多かったからに他なりません。

じつは私もその1人です。私は野球少年でしたが練習は土曜日と日曜日だけで、平日は学校から帰ると空き地や公園に走っていき、陽が落ちるまであそび三昧です。鬼ごっこ、缶けり、手打ち野球…仲間と体を動かしてあそぶことが、私の運動の原点なのです。

＊

そもそも運動神経とは、脳から体を動かす指令が出て運動を実践する際の指令の通り道となる神経のことです。ですから、この通り道を発達させると体をよく動かせるようになり、ひいては運動がよくできるようになります。

＊

本書では約300の動き（アレンジも含む）を紹介しました。どれも家の中や庭、公園などで楽しくできるものです。

「運動あそび」は単純に思えますが、じつは多様な動きが複雑に絡んでいます。このため運動神経の「7つの能力」が相乗的に高まることが期待できます。

あくまでも"あそび"ですから、型やルールにはめる必要はありません。本の絵を見ながら「次はこれをやってみよう」と、大方のやり方を伝えます。そして「できたね、すごいね」とほめてあげましょう。すると、子どもはどんどん上達していきます。わが子の成長を目の当たりにし、親御さんにとっても楽しい時間となることでしょう。

髙橋宏文

この本をより楽しく使うために（ページの見方など）

本書のイラストは、実際に幼児が実践している様子を写真に撮り、描き起こしたものです。中には失敗したところを描いた絵もありますが、そのリアルな動きや生き生きした表情をお楽しみください。

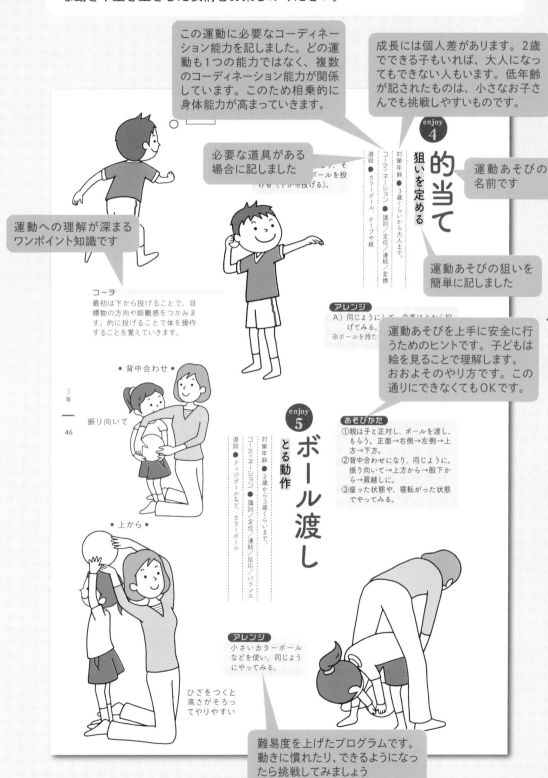

この運動に必要なコーディネーション能力を記しました。どの運動も1つの能力ではなく、複数のコーディネーション能力が関係しています。このため相乗的に身体能力が高まっていきます。

成長には個人差があります。2歳でできる子もいれば、大人になってもできない人もいます。低年齢が記されたものは、小さなお子さんでも挑戦しやすいものです。

必要な道具がある場合に記しました

運動あそびの名前です

運動への理解が深まるワンポイント知識です

運動あそびの狙いを簡単に記しました

運動あそびを上手に安全に行うためのヒントです。子どもは絵を見ることで理解します。おおよそのやり方です。この通りにできなくてもOKです。

難易度を上げたプログラムです。動きに慣れたり、できるようになったら挑戦してみましょう

enjoy 4
狙いを定める
的当て

対象年齢 ● 3歳くらいから大人まで。
コーディネーション ● 識別／定位／連結／変換
道具 ● カラーボール、テープや紙

コーチ
最初は下から投げることで、目標物の方向や距離感をつかみます。的に投げることで体を操作することを覚えていきます。

アレンジ
A）同じようにして、今度は上から投げてみる。
※ボールを持た…

enjoy 5
とる動作
ボール渡し

対象年齢 ● 2歳から3歳くらいまで。
コーディネーション ● 識別／定位／連結／反応／バランス
道具 ● ドッジボールなど、カラーボール

あそびかた
①親は子と正対し、ボールを渡し、もらう。正面→右側→左側→上方→下方。
②背中合わせになり、同じように。振り向いて→上方から→股下から→肩越しに。
③座った状態や、寝転がった状態でやってみる。

● 背中合わせ ●
振り向いて

● 上から ●

アレンジ
小さいカラーボールなどを使い、同じようにやってみる。

ひざをつくと高さがそろってやりやすい

3章
46

この本では運動あそび（アレンジも含め約300種）を、運動神経がよくなる「コーディネーション」の7つの能力を基に分類しました。ただし、運動はどれか1つのコーディネーション能力で成立するものではなく、複数の能力が関係しています。たとえば、「走る」運動を本書では「定位能力」に区分しましたが、「連結能力」や他の能力も大きく関係しています。このようにいくつもの能力が複雑に連係しながら、相乗的に高まっていくのです。

序章 運動の大切な話

1章 自分の位置や動きを知る力（定位能力）

「運び動く」という運動の原点です。立つ、座る、移動する。自分がどんな状態にあるのかをつかむと同時に、動いているボールや人との距離や間合いをはかる力の基になります。

2章 転ばずに姿勢を維持する力（バランス能力）

転びそうになったり、体勢が崩れたりしたときに、じょうずに体を保ち、立て直す力です。不安定な足場や空中で体を保ったり、そんな状態でも動作ができたりする基になります。

3章 手足や用具を操作する力（識別〈分化〉能力）

力を入れる、ちょっと抜く、ゆっくり力を入れていくなど、出力の加減と方向を調整します。これによって体の各部位を精密に動かし、用具をイメージ通りに扱える基になります。

4章 タイミングを合わせる力（リズム化能力）

音や人の動きに合わせて、タイミングよく動ける力です。
動きにリズムやテンポをつけたり、ボールや人の動きとタイミングを
合わせるなど、スムーズで、テンポのよい動きの基になります。

ペンギンの親子 56p ／ 2人でぴょん 59p ／
手の輪くぐり 61p ／開閉ジャンプ 63P など48種

5章 情報にすばやく応じる力（反応能力）

人の動き、光や音など、外部からの情報をすばやく察知し、
正しく、スピーディに動き出せる力です。目や耳、触覚などの
感覚器から得た情報にすばやく反応した動きの基になります。

タオルとりっこ 66p ／うごく橋 68p ／
びっくりキャッチ 71p ／てのひらテニス 72p など26種

6章 スムーズにムダなく動く力（連結能力）

いくつかの異なる動きをスムーズにつなげ、一連の流れるような
動きにする力です。関節や筋肉などの動きをタイミングよく同調させ、
躍動的かつパワフルな動きの基になります。

ワニまたぎ 74p ／ぽっくり歩き 76p ／
コップでキャッチ 77p ／キック＆トラップ 78p など33種

7章 変化に応じて動きを変える力（変換能力）

状況に合わせて、とっさに動きを変えたり、適切な動きを選択・
実行できたりする力です。状況判断、身体操作、定位・反応能力などが
複合的に絡み、高い運動力の基になります。

ハイハイで山のぼり 85p ／足鬼 86p ／
ダンゴむしボール 90p ／タオルでポン 92P など33種

Let's enjoy 運動あそび！

運動あそびは、「できなければいけない」というものではありません。
誰かと競うとか、採点されるとか、評価されるものでもありません。
たとえば走る系の動きは得意だけど、ボール系は苦手という子もいます。そのような個人差はあって当然です。また、新たな動きを覚えたら、昨日できたことができなくなったということもありますが、気にすることはありません。さまざまな動きを経験する中で、少しずつ体の中に「運動する力」が広がり育っていくのです。

＊

公園を走ってる子どもは笑顔ですよね。それは体を動かすのが楽しいからです。
子どもたちはチャレンジが大好きです。何かに挑戦し、できると「やった」という達成感が生まれます。そこに喜びがあり、次への意欲が芽生えます。そういうサイクル（連なり）を大事にしていただけたら幸いです。

＊

この本の運動あそびは、幼稚園に通うゆいと君（6歳）、かえでちゃん（6歳）、ゆなちゃん（3歳）が手分けして実践してくれた様子を写真に撮り、それを元にイラストを描きました。
打つ前に風船が落ちてしまっていたゆなちゃんは、2分後には上手に打てるようになりました。お母さんと「2人なわとび」をしてできなかったかえでちゃんは、姉のみそらちゃんとやったらうまくとべました。ボールあそびが得意なゆいとくんは、バランス系が苦手でしたが、やってるうちに上手になりました。
みんなやればできる！　ということを3人が教えてくれました。ありがとう！

6

運動の大切な話

幼児期に多様な運動をすることの重要性について書きました。これを知ってからわが子と接するのと知らずに見るのとでは、子どもへの理解の深度が違ってくると考えています。

> ## Q 運動神経は遺伝でしょうか？
>
> A いいえ、遺伝ではありません。

● 運動神経は遺伝ではない！

「私は運動神経が悪かったから、この子も運動が苦手なの」。そんなことを言う親御さんがいますが、それは大きな誤解です。

運動神経は遺伝ではありません！ 親が運動は苦手でも、その子の運動能力が高いというケースは、じゅうぶんにあり得ます。それは以下の理由によります。

● 運動能力は後天的な影響

先天的に、骨格や筋肉の質などは親の影響を受けます。しかし運動能力は後天的な影響であり、環境に左右されると考えられます。

たとえば、運動が得意な親は、子どもと一緒に体を動かすことが好きです。いっぽう運動が不得意な親は、自ら積極的に体を動かさないため、その子も運動する機会が減ってしまう、という傾向がみられるのです。

「運動をする」と構える必要はありません。あそんでいるうちに、体を動かすことが楽しくなり、運動が好きになっていきます。「運動する力」はそうして育まれます。

● 運動神経は「運動あそび」で鍛える！

じつは「運動神経」という神経はありません。体をくり返し動かすことによって、「脳→脊髄→末梢神経→筋肉→運動」という神経の回路が発達します。それによって器用に動けたり、スピーディに動けたりするわけです。また、自分の体がどういう状態にあるかという身体感覚も高まります。これが俗にいう「運動神経」です。

幼児期は、神経系がつくられ、著しく発達する時期です（P.10で詳述）。

幼児期にどんどん遊び、多様な動きをいっぱい経験した子ほど、身体能力は発達していきます。

近年は子どもの遊び場所が少なくなっていますが、どこでもできる「運動あそび」は、黄金幼児の体にとって宝箱のようなものかもしれません。

> ## Q 親が子に授けてあげる力とは？
>
> ### A どんどん体を動かし、運動する力を！

● 幼児期は多様性を経験させる！

　近年では、子どものスポーツに熱を入れる親御さんが増えています。ジュニアのスポーツ大会に行くと、お父さんお母さんの応援のすごさに圧倒されます。子と親が、まさに「二人三脚」という状態も少なくありません。その結果、早期から才能を発揮する子が増えています。しかし、喜んでばかりもいられない事実もあります。それは多様な運動を経験していない子が、将来的に伸び悩むケースがあることです。多様性がないために、高い次元や複雑な動きに対応できなくなってしまうのです。

●「運動する力」のない子のケガが急増中！

　低年齢から専門スポーツに励む子もいるいっぽうで、いま、転倒や落下で骨折したり、転んだりして頭や顔を強打したりする子が増えています。その大きな一因と考えられているのが、運動する機会の少なさです。

　小学校の体育の現場では、次のような問題も指摘されています。

　①自分の体の動かし方がわからない、体を操作する能力が低い。

　②動きの中で自分の体がどんな状態か、この後どうなるか想像できない。

　③できる運動の数が少ない、運動経験の種類が少ない。

　④「運動が得意な子」と「苦手な子」の二極化がはっきりしている。

　これらはケガだけでなく、将来の健康にも重大な悪影響を及ぼすと考えられます。

● 大切なわが子を守るには！

　こうした問題は、幼児期に体を動かさなかったことの弊害と言えます。

　大切なわが子を守りたい、あるいはわが子の運動能力を高めたいなら、幼児期にどんどん体を動かし、多様性を育むように仕向けてあげましょう。

　専門的な運動やスポーツでなくてもかまいません。お布団の上でのでんぐり返し、外でのかけっこ、掃除や荷物運びのお手伝いなど、なんでもよいのです。

ゴールデンエイジと
プレ・ゴールデンエイジとは?

● ゴールデンエイジとは

ゴールデンエイジは日本語にすると「黄金の年齢」。「運動能力を大きく伸ばすには、一生に一度の黄金期」というわけです。

この時期には動きをどんどん吸収すると言われます。アメリカの医学者・人類学者のスキャモン（1883 -1952）が提唱した理論で、人間の成長過程を示す「発達・発育曲線」という右のようなグラフがあります。

神経系は 5 歳までにおよそ 80 ％、12 歳までにほぼ 100 ％に達します。これは神経に関連する仕組みの発育は 12 歳ぐらいまでには終了するということです。

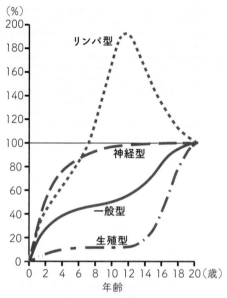

スキャモンの発育発達曲線
＊誕生から成熟期までの発育量を 100 ％とした割合

● 3段階の初期、土台づくりが重要!

ゴールデンエイジは「3つの段階」に分けることができます。

①2〜9歳：プレ・ゴールデンエイジ（2〜6歳が前期、6歳からが後期）

運動の神経回路が著しく発達し、体を動かす楽しさを知る時期です。多様な運動あそびによって、身体能力や運動神経（運動センス）の土台が築かれます。

②9〜12歳：ゴールデンエイジ

神経系はほぼ完成します。動きが身に着きやすく、上達のもっとも早い時期です。筋力や持久力の発達はまだ先であるため、多様な動きを経験し、運動センス（コーディネーション能力）を磨くことが、その後の運動能力の伸びにつながります。

③12〜15歳：ポスト・ゴールデンエイジ

骨格や筋力が著しく発達します。運動の力強さとスピードが増し、専門的なスポーツで能力を発揮します。体が急激に成長するため、ジュニアアスリートの中には感覚にズレがでて悩む人もいますが、練習をくり返すうちに修正されます。

黄金幼児期(プレ・ゴールデンエイジ)の運動の重要性とは?

● 神経回路が多面的・多層的に発達!

　1つの動作を習得するために、新たな神経回路がつくられます。運動は複数の動作が組み合わさったものです。多様な運動を経験することで、神経回路は多面的に、多層的に発達していきます。

　プレ・ゴールデンエイジの期間に、どれだけ多様な動きを、どれだけたくさん経験させてあげられるか。それはスポーツの才能を伸ばすだけでなく、とっさに身を守る動きなど、わが子の今後の人生にも大きく関わります。

● 親は最高のコーチです!

　2歳から9歳までのプレ・ゴールデンエイジの運動を支えるのは親の役目だと私は考えます。保育園や幼稚園、専門スポーツを指導してくれるクラブもありますが、やはり、子どもは親の笑顔を見ながら体を動かすことで安心し、楽しく、意欲的に運動するようになります。この時期の子どもにとって親は最高のコーチなのです。

● 幼児期には基本的な動きを獲得!

　幼児期に体を動かす楽しさや心地よさを知ると、自発的に動く子どもなります。すると多様な動きを獲得でき、多様な動きは次第に洗練化されていきます。運動能力の高い子は、このような段階を踏むのです。

　幼児期は運動の土台をつくる時期です。次のような動きが基になります。

①体のバランスをとる動き
　例)立つ、座る、寝転ぶ、起きる、回る、転がる、渡る、ぶら下がる

②体を移動する動き
　例)歩く、走る、はねる、とぶ、登る、下りる、這う、よける、すべる

③用具などを操作する動き
　例)もつ、運ぶ、投げる、捕る、転がす、ける、積む、こぐ、掘る、押す、引く

●すわる●　　●寝る●　　●転がる●

●前に歩く●　　●はう●　　●すべる●

●運ぶ●　　●ける●　　●掘る●

コーディネーションって何？

● 運動神経って何？

「運動神経がいい」とか「運動センスがある」というのは、自分の体をうまく操作できる人のことです。もう少し細かく言うと、

　　①状況に合わせて　②タイミングよく　③正しい方向に

　　④ちょうどよい力の量で　⑤適切な動きができる

ことです。その基になっているのが、コーディネーション能力です。

● コーディネーションとは何か？

　脳は、目や耳などから入ってくる情報を高速で処理し、「どう動くか」を決め、その指令を出します。筋肉はこれを受け動きます。これが運動の仕組みです。

　情報や指令は電気信号のようなもので、神経回路はその通り道（運動神経）となります。運動は、脳と体、体の部位間で、頻繁かつ高速に電気信号が行き交うことで可能になります。この回路（運動神経）が発達している人は、情報や指令が速く、正確に、スムーズに伝わります。このため、自分の体をうまく操作できるのです。

　コーディネーショントレーニングは、神経系にさまざまな刺激をくり返し与える運動です。運動神経（運動センス）の土台が築かれる幼児期は、コーディネーション能力を伸ばすには、絶好のチャンスなのです。

● コーディネーションの「7つの能力」とは！

　コーディネーションは、次ページのような7つの能力に分類できます。

　7つの能力は、それぞれが個別のものではなく、関連しています。多様な動きをするほど、7つの能力は刺激し合い、相互に、総合的に高まっていきます。

コーディネーションの「7つの能力」とは？

1 定位能力

自分がどこにいて、どんな状態にあるのかをつかむと同時に、動いているボールや人との位置関係（距離や間合い）をはかれる力。

例）人とぶつからずに走れる／ボールの落下地点に正確に入れる

2 バランス能力

転びそうなときや体勢がくずれたときに、上手に体を保ったり、立て直したりできる力。不安定な物の上や空中で体を保ち、動作できる力でもある。

例）体勢を変化させながらドリブルができる／スキーやスノボに乗る

3 識別（分化）能力

力を入れる、ちょっと抜く、ゆっくりじょじょに力を入れるなど、出力の程度と方向を調整する力。手や足、用具などを精密に、イメージ通りに動かせる。

例）バットやラケットを狙い通りに振れる／ボールの速度や方向を変えられる

4 リズム化能力

外部の情報（人や物の動き、音など）に対し、タイミングを合わせて動ける力。動きのまねやイメージを表現できる。この能力が低いと、動きがぎこちなくなる。

例）ドリブルやパスをタイミングよくできる／ダンスのステップを軽快にふめる

5 反応能力

外部の情報（人や物の動き、音など）をすばやく察知し、正確に、スピーディに対応したり、動いたりする力。目や耳、皮膚など五感を研ぎ澄ませる。

例）合図と同時にスタートがきれる／速いボールに対して体が動く

6 連結能力

いくつかの異なる動きをスムーズにつなぎ、流れるような一連の動きにする力。関節や筋肉の動きをタイミングよく同調させる力。

例）助走→踏み切り→跳躍／捕球→投球などの動作が流れるようにできる

7 変換能力

急な変化に対し、動作を切り替え、適切な動きができる力。状況判断や身体操作、定位能力や反応能力など、さまざまな能力が複合的に関わっている。

例）相手の動きに合わせてダッシュする／バウンドが変わったボールを捕球する

運動能力は少しずつ段階を踏んで高まります!

- -

● 発達に応じた運動あそびを!

　子どもは1つの動きを獲得すると、その機能を使い次の動きを獲得していきます。

　算数や数学と似ているかもしれません。足し算や引き算ができて、掛け算や割り算ができて、方程式が解けるようになります。いきなり方程式を教えても理解できず、ムリにやらせれば、数学が嫌いになってしまうでしょう。運動もこれと同じです。

　発達の段階に応じた動き（運動）をさせてあげることが上達の秘訣です。

● 子どもの動きの発達段階を知る!

　子どもの動きには大きく分けて「3つの段階」が見られます。

初期（INITIAL）→ 次期（ELEMENTARY）→ 熟期（MATURE）

　次ページに、子どもの「走る」「投げる」の2つの動きの上達段階をイラストにしました。成長や上達の段階には個人差があります。「何歳で何ができる」とは決まっていません。「段階を踏んで上達する」ことを知っておいてほしいと思います。

● 段階を理解して教える

　バッティングをうまくしようとして、いきなり幼児にスピードボールを投げても、うまく打てるようにはなりません。それどころかボールを怖がり、野球嫌いになってしまうかもしれません。もしもバッティングをうまくしたいなら、

　　①軽く投げたボールを手に当てる
　　②軽く投げたボールを手で打つ
　　③軽く投げたボールをうちわなどの短い道具で打つ
　　④止まっているボールをバットで打つ
　　⑤軽く投げたボールをバットで打つ

などと、順を追っていくことが大切です。結果を求め、高次元のことを要求する親や指導者もいますが、土台となる運動能力が育っていなければ、上達は望めません。

＊下記のイラストは「Developmental Physical Education for Today's Children」
David L. Gallahue（Human Kinetics Publishers）を基に作成。

走る

（初期）腕の動きに比べ、足の動きは小さく、ぎこちない状態です。ひざや足首もうまく動かせず、足先で地面をけることもできないため、体が前に進まず、頭の比率も大きいため、転びやすくなります。

（次期）体の軸がしっかりし、手と足を連動できるようになり、肩やひじ、ひざや足首、足先などもうまく使えるようになります。

（熟期）さらに体の各部位の操作性や連動性が高まり、筋力もつくため、躍動感のある動きができるようになります。

投げる

（初期）手を上に上げ、ひじの曲げ伸ばしだけで投げる状態です。

（次期）ひじも高く上がり、手も前方に大きく振れるようになります。足も前に踏み出せるようになりますが、利き手と同じ側の足がでることも多いです。

（熟期）上半身をひねりながら、足を大きく踏み出し、ひざも使えるようになります。また肩や手首の動きも大きくなり、全体として力強いフォームで、速く、遠くに投げられるようになります。

運動の一般的な発達傾向を
知っておきましょう！

運動の発達には、次のような「5つの発達傾向」があることが知られています。

①頭部から下部への発達傾向

動かしたり操作したりできる筋肉が、頭部から体幹の上部へ、そして下部へと移っていきます。眼球運動ができ、それから首、上肢（腕や手）、下肢（足）が自分の意思でうまく動かせるようになります。

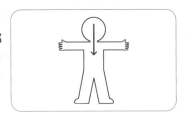

②中枢から末梢への発達傾向

身体の中心部のほうが、末梢部より先に発達し、より上手に運動できるようになります。たとえば、まずは腕の力でボールを投げられるようになり、その後で指先が使えるようになってボールをコントロールできるようになります。

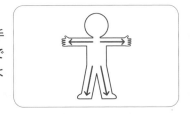

③全体から部分への発達傾向

体全体の操作のほうが、部分の操作に先行します。たとえば、指や手でおもちゃを扱う場合、最初は肩や肘など、全体に近い体の操作から現れてきます。前転などの運動でも、最初は体全体を使って回り、その後、足をたたんで立てるようになります。

④両側から片側への傾向

両側活動を行うことで、優先される側や利き手・利き足が確立され、次第に巧みに使えるようになります。たとえば、両方の手を使って物を食べたり、紙をちぎったりしていた幼児が、利き手を使い、上手にできるようになります。

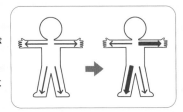

⑤粗大から微細筋への傾向

赤ちゃんはバタバタとぎこちなく手足を動かします。最初は粗大で不器用だった運動が、次第に目的に応じて、細かく正確に動かせるようになります。たとえば、物を握れなかった赤ちゃんが、グーで物を握り、次第に指先でつかめるようになります。

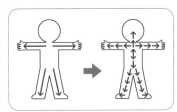

運動発達の特性
（年齢による目安）

次に文部科学省が「幼児期運動指針」の中で示す「一般的な運動の発達の特性」の要点を以下に示します。ただし成長には個人差があることを理解しましょう。

① 3歳から4歳ごろ
- 日常生活や体を使った遊びの経験をもとに、基本的な動きが、未熟な段階から次第に上手になっていき、一通りできるようになる。
- 自分の体の動きをコントロールしながら、身体感覚を高め、より巧みな動きを獲得することができるようになっていく。

② 4歳から5歳ごろ
- それまでに経験した基本的な動きが定着し始める。
- 友だちと運動することに楽しさを見いだし、また環境との関わり方や遊び方を工夫しながら、多くの動きを経験するようになる。
- とくに全身のバランスをとる能力が発達し、身近にある用具を操作するような動きも上手になっていく。
- 遊びを発展させ、自分たちでルールや決まりをつくることにおもしろさを見いだしたり、大人の動きをまねたりすることに興味を示すようになる。

③ 5歳から6歳ごろ
- ムダな動きや力みなどが少なくなり、全身運動が滑らかで巧みになる。
- 友だちと共通のイメージをもって遊んだり、目的に向かっての集団行動、協力、役割分担などをして遊んだりする。
- 満足するまで取り組み、遊びを発展させる姿も見られる。
- 全力で走ったり、跳んだりすることに心地よさを感じるようになる。
- ボールをつきながら走るなど、基本的な動きを組み合わせた動きができる。

＊くり返しになりますが、このような発達の特性はあくまでも目安であり、個人差があります。そして、その後の成長の方向や、能力の広がり、伸び方もさまざまです。しかし多様な運動を経験することが、その後の運動する力につながることは間違いありません。運動には多様化⇒洗練化という流れがあります。

幼児期に
運動神経を伸ばすために

「運動あそび」をする際、次のようなことにご留意いただくとよいでしょう。

①焦らない！比べない！

幼児の発育・発達は1人1人違います。「〇〇君はできるのに…」と比べるのはやめましょう。「なんでできないの！」と責めるのも厳禁です。

②カタチは後からついてくる！

たとえばボールを投げるときに「足をまっすぐ踏みだして」と、型（フォーム）を教えたくなりがちですが、そこはグッと我慢し、見守ってみましょう。楽しく動いていると、少しずつフォームもよくなってきます。

③課題を与える！

たとえば、ボールを投げるときに「あの的に当ててみよう」と、課題を与えてみましょう。すると「どう投げようかな」と子どもの体は自然に考え始めます。

④カタチを教えるときは具体的なヒントを！

②のように見守ってもなかなかうまくできないときは、言葉ではなく目に見えるように動作のヒントを示してあげます。たとえば足を踏みだす位置にテープを貼り、「ここを踏んで投げてみよう」と言うと、子どもは意欲的に取り組みます。

⑤一緒にやる！

可能ならお父さんお母さんも一緒に動きましょう。自発的に動く子になります。

⑥正しくより楽しく！

正しくやるより楽しくやる！　できなくても、ちょっとした成長を見つけてほめる！　やはり、これが最高の秘訣なのかもしれません。

⑦何より安全には注意！

子どもの体は大人が思う以上に脆く、弱いことを理解しましょう。また大人が想定しないような動きもします。ですので、子どもが床から離れる運動では布団を敷くなど、すべての運動あそびにおいて、安全の視点を持ちましょう。

• 1章 •

自分の位置や
動きを知る力
（定位能力）

「運び動く」という運動の原点です。

立つ、座る、移動する。自分がどんな状

態にあるのかをつかむと同時に、動いて

いるボールや人との距離や間合いをはか

る力の基になります。

enjoy 1

いろいろかけっこ

運動する力の基礎

対象年齢 ● 2歳くらいから大人まで

コーディネーション ● 連結／識別／定位／バランス／リズム化

あそびかた

①前向きで走ってお父さんにタッチしたら、後ろ向きで走って、お母さんに背中をくっつける。
②親の周りをグルッと走って1周したら、次は、後ろ向きで1周する。
③②と同じ動きを、手をつなぎ、少しスピードを上げてやってみる。
④お父さんとお母さんの間をジグザク（8の字）に走る。（両親が手を出し、そこにタッチしながら走ると、自然にジグザグ走になる）。

コーチ

ジグザク走（スラローム）や周回走によって、体を傾けての動きや体幹バランスを維持する感覚をつかみます。転倒予防などにもつながる大事な動きです。

スピードを上げて

アドバイス

・床（地面）にテープなどを貼り、そこを目印にやってもよい。
・スピードを上げるときは「次は数を5つ数える間に走れるかな？」とか、「10歩で一周できるかな？」などと、数をいっしょに数えてあげると楽しくできる。

アレンジ

A）①～④の動きを、少しずつスピードを上げてやってみる。
B）①～④の動きを、少しずつ大股にし、腕を大きく振ってみる。
C）①～④の動きを、スキップでやってみる（スキップの教え方は次ページ）。

enjoy 2 ひざ上げポンポン

足が速くなる

対象年齢 ● 3歳くらいから大人まで

コーディネーション ● 連結／定位／識別／バランス／リズム化／変換

\アドバイス/
・親が数を数えながらやるのがコツ。少しずつスピードを上げていく。
・ムリな回数やムリな高さでやらない。
・親は子と目の高さを合わせるとよい。
・腕をしっかり振ってバランスをとる。

● 太ももくらい ●

● 腰くらい ●

1章

21

あそびかた
①親は子の太ももくらいの高さに両手をかざし、子はその手をひざでたたく。
②親は子の腰くらいの高さに両手をかざし、子はその手をひざでたたく。

---

enjoy 3 スキップできるかな?

運動にリズムをつける

対象年齢 ● 4歳くらいから大人まで

コーディネーション ● リズム化／連結／識別／定位／バランス／変換

できない人は
お母さんと同じ足を上げる
ゆっくりでいいよ

イチ、ニー♪
イチ、ニー♪

あそびかた
①親と手をつないでスキップしてみる。「イチ（右足上げ）・ニー（左足上げ）、イチ・ニー…」と声をかけながら、最初はゆっくりやり、少しずつ速くする。
②できない人は、親と向かい合わせになり、両手をつなぐ。「お母さんと同じ足を上げてみよう」と言って、片足を上げながら軽くジャンプ。反対の足を上げながら軽くジャンプをくり返す。これを少しずつ早くしていくと、いつのまにかできる。

・「なわに当たったらへびに食べられちゃうよ」などと声をかけると楽しくあそぶ。
・なわをゆらす役目を、子にもやらせてみてもよい。手の運動を道具に伝える感覚を体験する。

enjoy 4

へびをよけろ

タイミングを合わせてジャンプする

対象年齢 ● 3歳くらいから8歳くらいまで

コーディネーション ● 定位／反応／連結／識別／バランス／リズム化／変換

道具 ● なわとび

あそびかた

①親はなわとびを左右にゆらし（へびのように）、子はとんでそれをよける。なわの動きは、少しずつ大きくしていく。
②親はなわとびを縦にゆらし（波のように）、子はとんでそれをよける。
③ゆらすリズムやゆらす大きさを変えたりする。
＊波が縦になると、子は自然になわを正面から見てとぶようになりますが○Kです。

＼アドバイス／

・ハイタッチなどでもよいが、ジャンプして物をつかむという動作を体験させる。
・着地時に転ぶこともあるため、最初は布団の上などでやるとよい。

道具 ● タオル

コーディネーション ● 定位／反応／連結／識別／バランス／リズム化／変換

対象年齢 ● 3歳くらいから8歳くらいまで

enjoy 5

空中でキャッチ

タオルをつかめ

あそびかた

①親はタオルを上にかかげ、子はジャンプして、それを片手でつかみとる。
＊子の身長や能力に応じて高さを変える。
②親はタオルを上下にゆらし、子はタイミングを見計らい、ジャンプしてとる。

コーチ

片手を上げながらのジャンプは体幹強化や姿勢維持にもつながります。将来的にバレーボールやバスケット、バトミントンなどの動きにもつながります。

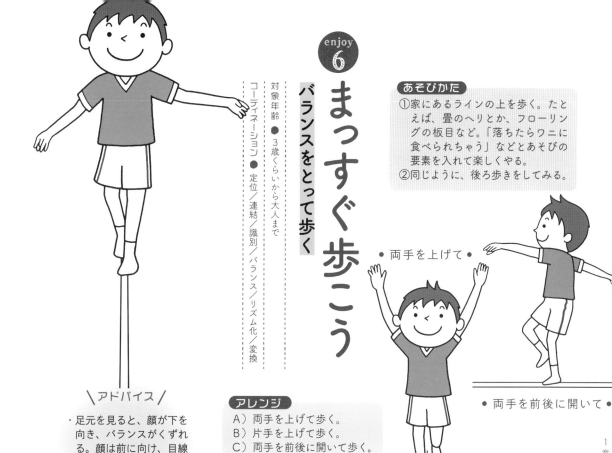

enjoy 6

まっすぐ歩こう

バランスをとって歩く

対象年齢 ● 3歳くらいから大人まで

コーディネーション ● 定位／連結／識別／バランス／リズム化／変換

あそびかた

①家にあるラインの上を歩く。たとえば、畳のヘリとか、フローリングの板目など。「落ちたらワニに食べられちゃう」などとあそびの要素を入れて楽しくやる。
②同じように、後ろ歩きをしてみる。

・両手を上げて・

・両手を前後に開いて・

\アドバイス/

・足元を見ると、顔が下を向き、バランスがくずれる。顔は前に向け、目線は少し前方を見るようにして歩くのがコツ。
・両腕でバランスをとる。

アレンジ

A）両手を上げて歩く。
B）片手を上げて歩く。
C）両手を前後に開いて歩く。
D）両手を振って歩く。

enjoy 7

ひもの上を歩こう

足の裏の触覚を頼りに歩く

対象年齢 ● 3歳くらいから大人まで

コーディネーション ● 定位／連結／識別／バランス／リズム化／変換

道具 ● なわとび（長なわがあればよい）、荷造りひもでもよい

あそびかた

①なわとびやひもを置き、その上を歩く。
②なわやひもを直線状ではなく、曲線にする。

\アドバイス/

・足の裏に物体を感じながら歩く。
・親指と人差し指の間になわがくるようにするとよい。

アレンジ

・後ろ向きで歩く
・横向きで歩く
・大またで歩く

高這い

運動する力を高める動き

対象年齢 ● 2歳くらいから大人まで

コーディネーション ● 連結／識別／定位／バランス／リズム化／変換

あそびかた

①両手と両足を床についた状態で、前に歩く。速度を上げて移動してみる。
②①と同じようにして、後ろに歩く。速度を上げて移動してみる。

アレンジ

A）高這いの状態で、鬼ごっこ。タオルをしっぽのように腰から下げ、それをとる。
B）高這いの状態で、ぞうきんがけ（お掃除の手伝い）。

コーチ

私たちは2足歩行で生活していますが、急に「四足歩行」の状態になると、自分の体の状態を把握できなくなります。脳と体が混乱し、うまく動かせないのです。運動能力が高い子は高這いが上手な傾向があります。

＼アドバイス／
キャタピラはトラクターやブルドーザーなどの駆動装置。子どもはごっこ遊びが好きなため、こうした働く自動車の動画などを見せながらやると、さらに楽しめる。

ビニールシートの端を養生テープで止めてつくったキャタピラ

キャタピラ

左右の力をバランスよく出す

対象年齢 ● 2歳くらいから6歳くらいまで

コーディネーション ● 識別／連結／定位／バランス／リズム化／変換

道具 ● 不要な段ボール、ビニールシートなど

あそびかた

・もし空の段ボールがあったら、捨てる前に、こんな遊びを。
・両手と両ひざをついたハイハイの状態で、段ボールをキャタピラのように動かす。

コーチ

視界が遮られているため、感知能力や内観力（自分の経験と照らし合わせて気づく力）を高めるには効果的です。

enjoy 10

ワンツー・ジャンプ

ジャンプのしかたを覚える

対象年齢 ● 2歳くらいから6歳くらいまで

コーディネーション ●定位／連結／反応／連結／識別／バランス／リズム化／変換

あそびかた

①子は親と両手をつなぎ、「1・2・サーン」の合図で高くとび、着地。これを何回か連続して行う。
②ジャンプした子を親は引き寄せる。このとき子は、親の腰を足ではさむ。

\ アドバイス /

・タイミングよく地面をけってとぶコツを覚える。
・地面から足が離れた不安定な状態を（親が支える安定感の中で）体験させる。

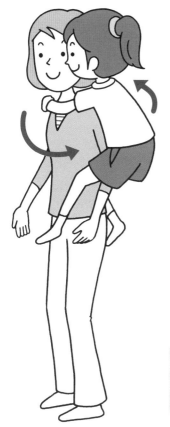

enjoy 11

コアラの親子

しがみつきながら移動

対象年齢 ● 3歳から6歳くらいまで

コーディネーション ● 定位／連結／反応／識別／バランス／リズム化／変換

あそびかた

①だっこの状態から、子は落ちないようにしがみつきながら、背中に回り、前に戻ってくる。
②反対回りもやってみる。

\ アドバイス /

・落下の危険も考慮し、布団の上などで行う。最初は補助があるとなおよい。
・はじめは親が正座やひざ立ちの状態で行うとよいでしょう。

アレンジ

だっこ→肩車→背中→前に戻る。

クイッ

サッ

enjoy **12**

ボールをよけよう

ボールの動きをよく見てかわす

道具 ● ボール（なんでもよい）

コーディネーション ● 定位／連結／反応／識別／バランス／リズム化／変換

対象年齢 ● 2歳くらいから大人まで

あそびかた

①親はボールを転がし、子は
　それをよける。
②親はワンバウンドでボールを
　投げ、子はそれをよける。
③親はノーバウンドで軽くボー
　ルを投げ、子はそれをよける。
④①〜③のボールを少しずつ
　速くしていく。

＼ アドバイス ／

・はじめは大きめのやわら
　かいボールで行うほうが
　恐怖心なくできる。
・ボールが自分に近寄って
　くる感覚をつかむ。
・しゃがむかジャンプか？
　左か右か？　など、とっ
　さの判断を経験させる。

コーチ

ボール遊びの第一歩であるとともに、わが子の
身を守るにも大切な動きです。次の動きの展開
をイメージできない子が増えているようです。
バーチャルではなく、幼児期から実体のある物
で、リアルな動きをどれだけ体験するか――。
それは運動能力だけでなく、今後の創造力・想
像力につながるものだと、私は考えています。

ジャンプ

アレンジ

A）ジャンプして足を開いたり、
　しゃがんだりして、ボール
　をよける。
B）もしあれば、ラグビーボー
　ルを転がし、それをよける。

スッ

足抜きまわり

上下さかさまになる運動

対象年齢 ● 3歳から6歳くらいまで

コーディネーション ● 定位／連結／識別／バランス

あそびかた

①親と子は両手をつなぎ、子は親のお腹に足をかけて、クルンと回って着地し、手を放す。
②①と同じだが、お腹に足をかけずにクルンと回ってみる。

アレンジ

尻抜き回り。①②のクルンと回って着地した状態から、元に戻る。
＊言葉で説明しても子どもは理解しづらいので、「ぴょんぴょんととんでみて」と言い、ジャンプしたタイミングで両手を少し持ち上げると、自然にクルンと戻ってくる。

＼アドバイス／

・親は子の手首をつかむ。
・親は回転の速度を少しずつ上げる。

ヘリコプター

からだを伸ばした姿勢を保つ

対象年齢 ● 3歳から6歳くらいまで

コーディネーション ● バランス／定位／リズム化

あそびかた

親と子は、しっかり両手をつなぐ。親はその場でクルクル回転し、ヘリコプターの羽のように子どもを大きく回す。

コーチ

たとえば、逆立ちのできない子は、足を地面から放す感覚を怖がります。頭を下にしたり、勢いよく回ったり…。親相手なら、子は安心し身を任せ、楽しくできます。

enjoy 15 大きな木を倒せ

体重をかけて押すことで力を出す

対象年齢 ● 2歳から8歳くらいまで

コーディネーション ● 連結／識別／定位／バランス／変換

あそびかた
①親は体育座りで小さな木になり、子はそれを押したり引いたりして倒す。
②親は立って大きな木になり、子は両手で押したり、肩で押したりして、動かす。

アドバイス
勢いよく飛びかかるのではなく、「どーんとやると痛いから、体に両手をつけてから押してね」と言うとよい。

わぁ〜

enjoy 16 大きな木を引き抜け

足でふんばって力を出す

対象年齢 ● 2歳から8歳くらいまで

コーディネーション ● 連結／識別／定位／バランス／変換

あそびかた
親は立ち、子は親の足首を持って持ち上げる。

アドバイス
「せーの、よいしょ、よいしょ」などと声をかけてあげるとよい。

コーチ
動かないかもしれないが、下から持ち上げる動きを体験させる。

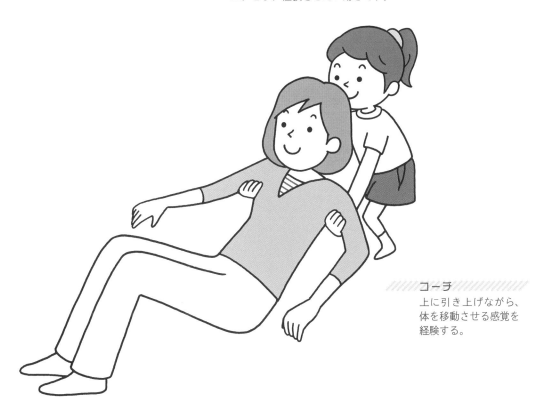

enjoy 17

倒れた木を運べ

引っ張る力を出す

対象年齢 ● 2歳から8歳くらいまで

コーディネーション ● 連結／識別／定位／バランス／変換

＼ アドバイス ／

動かせる子には、「ここまで運んで」というゴールを設定するとよい。

あそびかた

①親は倒れた木のように寝て、子はその足を持って動かす。
②子は、頭の方から親の脇を抱え、動かす。

コーチ

全身に力を入れて、重いものを移動するという経験が、現代の子は極端に少なくなっています。学校の体育でも、安全面への配慮から、重いとび箱やマットを運ぶ機会が減っています。しかし、現実の生活では、こうした動きは必要とされますし、じつは緊急時ほど必要になる動きなのです。じっさい、どのように力を入れていいのかわからない子どもが増えています。幼児期に、ぜひ、経験させたい動きです。

コーチ

上に引き上げながら、体を移動させる感覚を経験する。

手押しぐるま
腕の力で移動する

対象年齢 ● 5歳くらいから大人まで

コーディネーション ● 連結／識別／定位／バランス／リズム化

あそびかた
①子は両手をつき、親は子の足を
　持つ。その状態で歩く。
②まだ力の弱い子は、歩かなくて
　もよい。

＼アドバイス／
体が水平になるくらい
の高さに足を持ち上げ
る。足を高く上げすぎ
ると、腕に荷重が偏り、
顔を地面にぶつけてし
まう恐れがある。

アレンジ
A）ラクラク歩ける子は、足を少し
　　高く持ち上げて、歩いてみる。
B）あるいは、片足だけ持ち上げて、
　　歩いてみる。
C）余裕のある子は、後ろ向きに歩
　　いてみる。

2章

転ばずに姿勢を維持する力

（バランス能力）

転びそうになったり、体勢がくずれたりしたときに、じょうずに体を保ち、立て直す力です。不安定な足場や空中で体を保ったり、そんな状態でも動作ができたりする基になります。

enjoy 1 ゆりかご

リズムをはかりながら体を固定する

対象年齢 ● 2歳から4歳くらいまで

コーディネーション ● バランス／定位／反応／
　　　　　　　　　　　連結／リズム化／変換

あそびかた

①親があぐらをかき、子はその上に
座る。親が体を左右にゆらし、子
は落ちないようにバランスをとる。
②親は長座して、ももの上に子を座
らせ、左右の足を振動させ、子は
落ちないようにバランスをとる。

アドバイス

「ゆれるよ〜。転ばな
いようにね。ガタン、
ガタン」などと楽しい
雰囲気をつくる。

コーチ

ゆれの中で、上半身
の体の軸を保つ。

● 高い山 ●

ジャーンプ

enjoy 2 ひざの上のポン

タイミングをはかって飛び降りる

対象年齢 ● 3歳から6歳くらいまで

コーディネーション ● バランス／定位／反応／連結／変換

あそびかた

①親は体育座りをし、子の手を持つ。子は
親の両ひざの上に立つ。手はつないだま
ま、ジャンプして後ろに降りる。
＊慣れてきたら、手を放して後ろにとび降りる。
②同じようにして、今度は親の手を持たず
に立つ。後ろに降りる。

アドバイス

最初は、低い位置
にひざの山をつく
り、少しずつ高く
していくとよい。

アレンジ

①と同じ要領で、今度
は片足で立つ。後ろに
降りる。
＊最初は左右どちらかの
横に降りると恐怖心を
減らすことができる。

● 低い山 ●

あそびかた

①子は長座した状態から足を上げ、お尻で前に進む。手を一生懸命に動かすとよい。

＊最初はできないため、足を使ってお尻を前に滑らせるようにしてもよい。

②同じようにして、今度は後ろに進む。

＊お尻から足にかけて左右に体重を乗せ換えながら行うとよい。

enjoy 3

おしり歩き

お尻を使って移動する

対象年齢 ● 3歳くらいから大人まで

コーディネーション ● バランス／定位／連結／識別／リズム化

\アドバイス／

・上半身を左右に動かし、片方のお尻が浮いた瞬間に前に進む。

・大人には難しい動きだが、体重の軽い子どもは、楽しくできる。

・廊下など、滑りやすいところでやると進みやすい。

できない人は
足を使って前へ

アレンジ

途中に座布団などを置き、お尻ジャンプで乗り、再びお尻で歩く。

enjoy 4

まほうのじゅうたん

引きずられながらバランスをとり続ける

対象年齢 ● 3歳から4歳くらいまで

コーディネーション ● バランス／定位／反応／連結／識別／リズム化／変換

道具 ● バスタオル

あそびかた

①子はバスタオルの上に座り、親はタオルを引きずる。子は転ばないようにする。

＊少し前かがみの姿勢をとらせる。

②同じようにして、子は横向きに座る。

\アドバイス／

タオルを引くときに、急に力を入れると危険なので、最初はゆっくり行う。

アレンジ

子はバスタオルの上に立ち、親はタオルを引きずる。

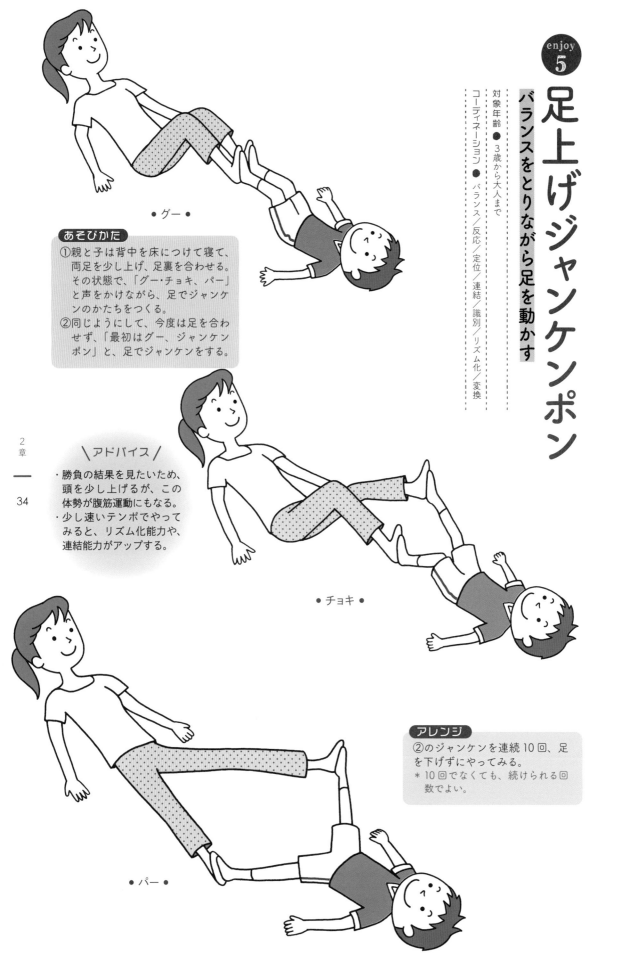

足上げジャンケンポン

バランスをとりながら足を動かす

対象年齢 ● 3歳から大人まで

コーディネーション ● バランス／反応／定位／連結／識別／リズム化／変換

• グー •

あそびかた

①親と子は背中を床につけて寝て、両足を少し上げ、足裏を合わせる。その状態で、「グー・チョキ、パー」と声をかけながら、足でジャンケンのかたちをつくる。

②同じようにして、今度は足を合わせず、「最初はグー、ジャンケンポン」と、足でジャンケンをする。

＼ アドバイス ／

・勝負の結果を見たいため、頭を少し上げるが、この体勢が腹筋運動にもなる。

・少し速いテンポでやってみると、リズム化能力や、連結能力がアップする。

• チョキ •

アレンジ

②のジャンケンを連続10回、足を下げずにやってみる。

＊10回でなくても、続けられる回数でよい。

• パー •

enjoy 6 V字バランス

バランスをくずさないようにゆっくり動く

対象年齢 ● 4歳くらいから大人まで

コーディネーション ● バランス／定位／連結／識別

あそびかた

体育座りをして、両手で片足を持ち、上に
上げながら、ひざを伸ばしていく。そのま
ま静止。足を下ろして、逆足も同じように
やってみる。

＼アドバイス／

大人もよい運動にな
るので、いっしょに
挑戦してみましょう。

アレンジ

両手でそれぞれの足を持
ち、同じように上に上げ、
ひざを伸ばして静止。

enjoy 7 まっくらバランス

視覚に頼らずにバランスをとる

対象年齢 ● 3歳くらいから大人まで

コーディネーション ● バランス／定位／反応／識別／変換

あそびかた

①目をとじて、片足で立ち、手を
広げる。10秒くらい耐える。
②同じようにして、今度は両手を
上に上げて、10秒くらい耐える。

＼アドバイス／

・10秒でなくてもよいが、
できる範囲で長い時間
やってみよう。
・バランスをくずしたとき
に、足はできるだけ動か
さず、バランスをとる。

コーチ

・片足で立つことはできても、目をとじると、バラン
スが急に失われます。視界からの情報が途切れたこ
とで、体が混乱するためです。それを修正する能力
が培われます。
・体の中にまっすぐな軸をつくる感じを持たせます。

けんけんずもう

相手にぶつかりながらバランスをとる

対象年齢 ● 4歳くらいから大人まで

コーディネーション ● バランス／定位／反応／連結／識別／リズム化／変換

あそびかた

①けんけんしながら、ぶつかり合う。手は使わずに腕組み。
②同じようにして、反対の足でけんけんしてみる。

コーチ

友だち同士でやると、力の加減をせずに強くぶつかり、転倒の危険は増します。しかし、体勢をくずしながらもふんばったり、とっさに足をついたりして体を支える動きは大切です。安全に配慮しながら、こういう運動も経験させてあげましょう。

オーエス！

姿勢が変化してもバランスを保つ

対象年齢 ● 2歳から大人まで

コーディネーション ● バランス／定位／反応／連結／識別／リズム化／変換

あそびかた

親と子でバスタオルを引き合う。親は力を強くして引いたりゆるめたりして、子どもの姿勢を変化させるようにする。また、姿勢が変化したときにバランスがくずれないようにさせる。

コーチ

綱引きでは「オーエス！」という掛け声がメジャーですが、これは一説によるとフランス語の「oh hisse」（＝それ引け）が元だとか。掛け声とともに楽しくやりましょう。

落とさず立とう

**単純な動きに課題を加え
バランスよく動く**

対象年齢 ● 3歳くらいから大人まで

コーディネーション ● バランス／定位／反応／連結／識別／変換

道具 ● ハンカチ、うちわ（紙ざら）、ボール

あそびかた

①正座して上を向き、おでこにハンカチを乗せ、落と
さないように立ち上がる。
②同じようにして、長座した状態から立ってみる。
③同じようにして、仰向けに寝た状態から立ってみる。

• 正座から •

• 仰向けから •

\ アドバイス /

・ハンカチではなく、四
角い箱などでもOK。
・うちわではなく、紙皿
やラケットでもOK。
ラケットは短く持つと
やりやすい。

コーチ

ハンカチに注意を向けながら、自分の体の状態
を把握し、適切な動きをする。複数の動きが組
み合わさるほど、神経回路は多面的・多層的に
発達します。「落とさない」というゲーム性を
加えたりして、子どもが楽しくあそぶ工夫をし
てあげましょう。

アレンジ

A）うちわを持って正座し、そこにボール
をのせて、落ちないように立ち上がる。
B・C）同じようにして、長座や、仰向け
に寝た状態から立ってみる。

\アドバイス/
「飛行機上昇！
ブーン、右旋回」
などと言葉をかけ
ると楽しくできる。

enjoy 11 ひこうき

状況が変化しても姿勢を維持する

対象年齢 ● 2歳から6歳くらいまで

コーディネーション ● バランス／定位／反応／連結／識別／変換

あそびかた
①親が仰向けに寝て、両足の脛に子をうつ伏せに乗せる。親は、足を左右に振ったり、左右や前後に傾けたりする。子は手を広げてバランスをとる。
②同じようにして、子を仰向けに乗せる。

アレンジ
同じようにして、親の足の裏に子を乗せる。

enjoy 12 空の自転車

姿勢を維持しながら動き続ける

対象年齢 ● 3歳くらいから大人まで

コーディネーション ● バランス／定位／連結／識別／リズム化

あそびかた
子は仰向けに寝て、両足を高く上げる（可能なら腰も浮かせる）。親は子の足裏に手を置く。子は自転車のペダルをこぐように足を回転させる。親は力を入れたり抜いたりする。

\アドバイス/
「坂道だ」と手に力を
入れて負荷をかけた
り、「スピード上げて」
などと緩急をつけたり
して、楽しくやる。

enjoy 13 腕立てジャンケン

腕で支持して他の動きを加える

対象年齢 ● 5歳くらいから大人まで

コーディネーション ● バランス／定位／連結／識別／変換

あそびかた
親と子で向き合い、腕立ての状態から片手を上げ、ジャンケンをする。勝ったら、床に着いてる手を変える。2勝した者の勝ち。

アレンジ
両手が終わったら、次に片足を上げ、次に逆の足を上げる。4勝した者の勝ち。

コーチ
筋力を必要とする運動も、このようなあそびの中で行うと、楽しくできます。さらに「あっち向いてホイ」などを組み込んでもよいでしょう。ただしムリのない範囲で。

enjoy 14 ブラブラおさる

手足を固定しながらバランスをとる

対象年齢 ● 3歳くらいから大人まで

コーディネーション ● バランス／定位／連結／識別／リズム化／反応／変換

道具 ● タオル

あそびかた

① 親の片腕に、子が両手を組んでぶら下がり、足をブラブラゆらす。
② 親は、腕をゆらしてみる。

アレンジ

親はしゃがんでタオルを持ち、子はそのタオルにつかまる。親はゆっくり立ち上がりながら、タオルを持ち上げる。子は落ちないようにする。
＊子はタオルをひざではさんでもOK。

＼アドバイス／

落下したときのことを考え、布団の上で行うなど、危険への配慮をする。

コーチ

公園の鉄棒やうんていにぶら下がるのもオススメです。手を順手にしたり逆手にしたり、足を曲げたり伸ばしたり、ブラブラゆらしたり。「ぶら下がる」という単純な動作にもさまざまなバリエーションがあります。また「つかむ」「姿勢維持」「足を放す」「視界の変化」など、多様かつ大切な運動要素が含まれます。公園や学校から遊具が取り払われる現代では、「ぶら下がり」を経験する機会が減っていますが、人間には、本来、必要な運動だと思うのです。握力が強いと活動量が多かったり、全身の筋力が高くなる傾向があることがわかっています。

enjoy 15 リンボーダンス

姿勢を維持して移動する

対象年齢 ● 3歳〜4歳くらい

コーディネーション ● バランス／定位／連結／識別／リズム化／変換

あそびかた

子は親の股下を、背中を反りながら、くぐり抜ける。

コーチ

ちなみに、リンボーダンスは「Limbo（体を柔らかくする）」が語源と言われ、西インド諸島のトリニダード島が発祥の地なのだそうです。

enjoy 16 ひっつきむし

姿勢を維持しながらしがみつく

対象年齢 ● 2歳から6歳くらいまで

コーディネーション ● バランス／定位／反応／連結／
識別／リズム化／変換

あそびかた

①親は子を抱っこし、体を左右、前後に大きくゆらす。
②次は、親が子から手を放してみる。子は親の首に手を回し、腰に足を回して、落ちないようにしがみつく。親は体を静かにゆらし、少しずつゆれを大きくする。

\ アドバイス /

・②で親は手を放すが、すぐにつかめるよう、子の背中近くに手を添えておく。
・「ひっつきむし、落とそう」などと言いながら、楽しくやる。

enjoy 17 ぞうのはな

姿勢が変化してもバランスをとり続ける

対象年齢 ● 2歳から6歳くらいまで

コーディネーション ● バランス／定位／反応／連結／
識別／変換／リズム化

あそびかた

①親は子のお尻側から両足の間に手を入れ（子の頭が下になる）、子を持ち上げ、大きくゆらす。
②親は子の股側から両足の間に手を入れ、子を持ち上げ、大きくゆらす。

\ アドバイス /

より大きくゆらすことで、子どもは姿勢変化を体感できる。

軽い傾斜を
つくるとよい

enjoy 18

へんしん でんぐり返り

腕で支持して 姿勢を自分で変化させる

対象年齢 ● 3歳くらいから6歳くらいまで

コーディネーション ● バランス／定位／反応／連結／
識別／リズム化／変換

あそびかた

布団の上で前転をする。「両手をついて
カエルさん」 → 「お尻を上げて猫ちゃん」
→ 「コロンと転がってダンゴムシ」と、
親は声をかけながら、動きを誘導する。

＼アドバイス／

①タオルを垂らしてしっぽを
つくり、「お尻を上げてしっ
ぽを見よう」とやる。
②布団にゆるい傾斜をつけ、
「ダンゴムシみたいに丸く
なろう」とアドバイスする。

あそびかた

①床に手をついてしゃがみ、足を
後ろにけり上げて、両足をたたく。
②同じようにして、足をたたく回数
を増やしていく。

＼アドバイス／

最初、親は子の足の下に
手を置き、「お母さんの
手をけって」と言いなが
ら、子がけったタイミン
グで、少し足を上にはね
上げてあげるとよい。

enjoy 19

カエルの足たたき

腕で支持して姿勢を変化させながら
足を動かす

対象年齢 ● 4歳くらいから大人まで

コーディネーション ● バランス／定位／連結／識別／リズム化／変換

かべ歩きで逆立ち

逆立ちに近い動き

対象年齢 ● 4歳くらいから大人まで

コーディネーション ● バランス／定位／連結／識別／リズム化／変換

あそびかた

①壁に片方ずつ足をつけ、両手で地面を押して少しずつ壁に近づきながら、足の位置を高くしていく。
片足つける→両足つける→のぼる

②①の逆立ち状態で、少しずつ体を壁から遠ざけ、足の位置を低くしていく。

アドバイス

・親は壁に手を置き、「足をここに置いて」「次はここ」とガイドをしてあげる。

・頭を下にするのが怖い子は、焦らず、日数をかけて少しずつ高くしていく。

ころころローラー

姿勢を変えても動きの方向をつかむ

対象年齢 ● 3歳くらいから大人まで

コーディネーション ● バランス／定位／連結／識別／リズム化／変換

道具 ● ボール（大きめのもの）

あそびかた

①布団の上で、手と足をのばして寝る。布団から落ちないように横回転する。

②同じようにして、手と足を床につけないようにする。

アドバイス

「落ちたらワニに食べられちゃう」などと言い、まっすぐ回るように仕向ける。

アレンジ

A）同じようにして、両手でボールを持ち、横回転していく。

B）同じようにして、両足でボールをはさみ、横回転していく。

3章

手足や用具を
操作する力
（識別〈分化〉能力）

力を入れる、ちょっと抜く、ゆっくり
力を入れていくなど、出力の加減と方向
を調整します。これによって体の各部位
を精密に動かし、用具をイメージ通りに
扱える基になります。

この章のテーマである「識別（分化）能力」には「ハンドアイコーディネーション」という能力が含まれます。直訳すると「手の動きと視覚の連動性」ということになります。ボールを目で見て、反応して、手を使って動作するときに使われる能力です。足を使って行うスポーツでは「フットアイコーディネーション」と言われます。

本書では、ボールを狙って投げたり捕ったりする運動、けったり止めたりする運動も、識別（分化）能力の運動として紹介させていただきました。

トンネルボール

狙いをつけてボールを投げる

対象年齢 ● 3歳〜5歳くらいまで

コーディネーション ● 識別／定位／連結／変換／リズム化

道具 ● ボール

あそびかた

①親は足を開き、子はそこにボールを転がして通す。
②距離をのばしたり、足の開き具合を変えたりして、むずかしくしていく。

● 転がす ●

アレンジ

同じようにして、上から投げる。

● 投げる ●

＼ アドバイス ／

「できた！すごいね。次はどうかな」と、ほめながらやると子は意欲的になる。

コーチ

「狙う」という課題を与えると、幼児は体で考えます。もちろん、脳では「どう動けばいいか」という情報処理がなされているのですが、理論や計算より先に体が動く。そうやって、体と脳が連係を深めながら神経回路を発達させていくのです。

enjoy 2
キャッチタオル
スローイングとキャッチング

対象年齢 ● 2歳〜4歳くらいまで

コーディネーション ● 定位／識別／連結／反応／
バランス／変換／リズム化

道具 ● タオル

あそびかた
①親は自分の上にタオルを投げて、とる。
子はそれをマネする。
②親がタオルを下から投げ、子はそれをと
る。子は親にタオルを投げ、親はとる。

コーチ
タオルがひらひらと落ちてくる
ため、時間がかかり、神経回路
の発達していない幼児にはちょ
うどよいのです。物と自分との
間合いをはかる力がつきます。

アレンジ
A）タオルに結び目を1つつくり、①②と同
じようにやってみる。
B）タオルを徐々にボール状にしていく。
次に投げ合う。

enjoy 3
バケツバスケット
狙いをつけて投げる

対象年齢 ● 3歳くらいから大人まで

コーディネーション ● 識別／定位／連結／変換／バランス

道具 ● バケツ、新聞紙など

あそびかた
①バケツを少し離れた位置に
置き、そこに丸めた新聞紙
を投げ入れる。
②同じようにして、1分で何
回入るか数えてみる。

＼アドバイス／
バケツの位置は能
力に応じて設定す
る。50cmくらいか
ら始めてもよい。

コーチ
・最初は下手で投げ、次第に上手で
投げるようにするとよいでしょう。
・回数を数えることで動きが早まり
体勢をくずしやすくなりますが、
不安定な姿勢から狙う力やスムー
ズな動きもついてきます。

的当て

狙いをつけて大きな動きで投げる

対象年齢 ● 3歳くらいから大人まで

コーディネーション ● 識別／定位／連結／変換／リズム化／バランス

道具 ● カラーボール、テープや紙、段ボールなど

あそびかた

テープや紙を壁にはり、それを的にして、ボールを投げる（下から投げる）。
＊段ボールやお菓子の箱を的にしてもよい。

コーチ

最初は下から投げることで、目標物の方向や距離感をつかみます。的に投げることで体を操作することを覚えていきます。

アレンジ

同じようにして、今度は上から投げてみる。
※ボールを持たないほうの手を前に出して投げることで、体を操作することを覚えていきます。

● 背中合わせ ●

振り向いて

● 上から ●

ひざをつくと
高さがそろって
やりやすい

ボール渡し

ボールを受ける動き

対象年齢 ● 2歳から3歳くらいまで

コーディネーション ● 識別／定位／連結／バランス

道具 ● ドッジボール、カラーボールなど

あそびかた

①親は子と正対してボールを渡し、子はそれを受けとる。正面→右側→左側→上方→下方。
②背中合わせになり、同じように。振り向いて→上方から→股下から→肩越しに。
③座った状態や、寝転がった状態でやってみる。

アレンジ

小さいカラーボールなどを使い、同じようにやってみる。

enjoy 6

ボールをとる

ボールを捕る動き

対象年齢 ● 3歳から6歳くらいまで

コーディネーション ● 定位／識別／反応／連結／
リズム化／変換

道具 ● ボール（なんでもよい）

あそびかた

①親がボールを下から投げ、
子はそれをとる（最初は
どんなとり方でもよい）。
②子は指を親に向け、手の
ひらを上向きにしてとる。
③子は指を上に向け、手の
ひらを親に向けてとる。

アレンジ

A）下から転がしたボールをとる。
B）ワンバウンドのボールをとる。
C）ノーバウンドのボールをとる。
D）フライのボールをとる。

///// コーチ /////

ボールは大きく軽いものから
始めたほうが取り組みやすい
でしょう。そして徐々にボー
ルを小さくしていきます。

\ アドバイス /
いきなりむずか
しいことはせず、
辛抱強く、少し
ずつ動きの範囲
を広げていく。

///// コーチ /////

この運動でむずかしさに影響するのは
距離や軌道の高さ、速さなどです。そ
れを調節しながら行うとよいでしょう。

enjoy 7

ボールを動いてとる

体を移動してボールを捕る

対象年齢 ● 3歳から6歳くらいまで

コーディネーション ● 定位／識別／反応／連結／
リズム化／バランス／変換

道具 ● ボール（なんでもよい）

あそびかた

親は子の、左右前後
にボールを投げ、子
は動いてそれをとる。

enjoy 8 コントロールキャッチ

体の動きを加えてボールを捕る

対象年齢 ● 4歳から6歳くらいまで

コーディネーション ● 定位／識別／反応／連結／バランス／変換

道具 ● ボール（はじめは大きく軽いボールで徐々に小さくしていく）

あそびかた

子は座り、ボールを自分の真上に投げ、座りながらキャッチする。

コーチ

自分の真上にコントロールして投げるのは、とてもむずかしい運動です。しかも座りながらだと難易度は上がります。上半身をうまく操作できる能力が求められます。

アレンジ

A）できる子は、片手でキャッチする。
B）反対の手でもやってみる。

あそびかた

ボールを上に投げて、背面でキャッチする。

enjoy 9 背中でキャッチ

体の動きを加えてボールを捕る

対象年齢 ● 4歳から大人まで

コーディネーション ● 定位／識別／反応／連結／リズム化／バランス／変換

道具 ● ボール（最初は大きくて軽いものがよい）

上に投げて

キャッチ

コーチ

イチロー選手の背面キャッチは有名ですね。飛距離数十メートルのボールをグローブにすっぽり収める。あの美技は幼児期からの小さな運動の積み重ねなのです。

ボールトラップ

体のいろいろなところでボールをとめる

対象年齢 ● 3歳から6歳くらいまで

コーディネーション ● リズム化／識別／定位／反応／連結／バランス／変換

道具 ● ボール（なんでもよい）

enjoy 10

あそびかた

①親は、子の両足のところに転がす（ボールの勢いを足でとめる）。
②親はボールを転がし、子は片足をのせてとめる。
③親はボールを転がし、子はしゃがんでひざで止める。
④親はボールを転がし、子はお尻で（座って）とめる。

アドバイス

②③④は転倒の危険もあり。親が2人いるなら、最初は1人が手をつないでもよい。

ピタッ!

ピタッ!

ピタッ

enjoy 11

ボールキック

目標をめがけてボールをける

対象年齢 ● 2歳から4歳くらいまで

コーディネーション ● 識別／定位／反応／連結／リズム化／バランス／変換

道具 ● ボール（大きめのものがよい）

あそびかた

①子は、親に向かってボールをける。
②子は、親の足の間を狙ってボールをける。
③子は、親に向かって、力強くける。

コーチ

得意な足から始めて、その反対の足でもやってみよう。

enjoy
12
はだしでサッカー
ボールをける感覚を知る

対象年齢 ● 2歳から4歳くらいまで

コーディネーション ● 識別／定位／反応／連結／リズム化
／バランス／変換

道具 ● ボール（なんでもよい）

あそびかた
親子で素足になり、ボールをけったり、
とめたり、おいかけたりしてみる。

あそびかた
親はボールを左
右に転がし、子は
動いてそれをけり
返し、親の足の間
を通す。

あそびかた
ボールを的にし、
もう1つのボール
をけって当てる。
当たらなかった
ら、その場からけ
り、当たるまでの
回数を数える。

enjoy
14
小さいボールをける
ボールのサイズを変えてける

対象年齢 ● 3歳から8歳くらいまで

コーディネーション ● 識別／定位／反応／連結／リズム化／バランス／変換

道具 ● カラーボール（2〜3個）

enjoy
13
動いてキック
動いているボールに合わせてける

対象年齢 ● 3歳から8歳くらいまで

コーディネーション ● 識別／定位／反応／連結／リズム化／バランス／変換

道具 ● ボール（大きめのもの）

////// **コーチ** //////
前ページからのボールをけ
る動きでは、ボールのサイ
ズを変えたり、動いたり、
素足になったりして、さま
ざまな感覚を覚えます。

3章

50

• 足の裏を使って •

• 足の甲や指も使って •

enjoy 15

ボールと友だちになる

ボールを細かく足でコントロールして動かす

対象年齢 ● 3歳くらいから大人まで

コーディネーション ● 識別／定位／反応／連結／リズム化／
バランス／変換

道具 ● 大きめのボール（なんでもよい）

あそびかた

ボールを足から離さないように、足でなでる感じで①〜④の動きを行う（はだしで）。
①ボールを足の裏でくるくる回す。反対周りにも。
②ボールを足の甲と指先も使って、くるくると大きく回す。反対周りも。
③ボールを足の裏で横に1回転し、元に戻す。
④ボールを足の裏で縦に1回転し、元に戻す。

アレンジ

①〜④を、反対の足でもやってみる。

• 体の縦方向に •

• 体の横方向に •

コーチ

サッカーは「ボールをける」というイメージが強いですが、じつは「足でボールを持っている」時間も長いのです。思い通りにボールを扱うには、こうした皮膚を通した感覚が、とても重要になります。

• 動きながら
インサイドで •

• 動きながら
アウトサイドで •

• 反対足でも •

enjoy
16

ドリブル以前の
ドリブル

細かいタッチで
ボールを移動させる

対象年齢 ● 3歳くらいから大人まで

コーディネーション ● リズム化／識別／定位／反応／連結／
バランス／変換

道具 ● 大きめのボール（なんでもよい）

あそびかた

動きながら、ボールを足から離さず、足でなでる
感じで①②の動きを行う（はだしで）。
①ボールを足で横からなでるようにして、ボール
を横に転がす。これを連続する。
アウトサイドでもやってみる。
②右足インサイドから足裏でなでるように転がし
たら、つづけて左足アウトサイドから足裏でな
でるように転がす。これを連続する。
反対（左足インサイド→右足アウトサイド）の
流れでもやってみる。

/////////// コーチ ///

サッカー選手を目指す、目指さないに限らず、足指や足裏、
足の甲を使うことは、脳の発達にもよいと考えられます。足
は脳からもっとも遠い位置にあり、より多くの神経回路を経
由することになるからです。高齢者の話ですが、歩幅を5cm
広げると、認知症になる確率が大きく下がるという興味深い
報告があります。（参考文献：『たった5cm歩幅を広げるだけ
で「元気に長生き」できる』谷口優／サンマーク出版）

enjoy 17 ふうせんバンバン

空間を動いているものを手で打つ

対象年齢 ● 2歳から4歳くらいまで

コーディネーション ● 定位／識別／反応／連結／リズム化／バランス／変換

道具 ● ふうせん

あそびかた

①ふうせんが下に落ちないよう、親と子で順番に打つ。何回つづくか数える。
②同じようにして、子だけでやってみる。

\ アドバイス /

どんな打ち方をしてもOK。落ちてくるタイミングを合わせて打つ経験をする。

コーチ

慣れてきたら手のひらの向きを上向きや前向きなどにして、ボールを前に飛ばしたり、上に飛ばしたりすると、手の使い方を覚えます。

enjoy 18 いろいろ打ち

ボールを打ってみる

対象年齢 ● 3歳から6歳くらいまで

コーディネーション ● 識別／定位／反応／連結／リズム化／バランス／変換

道具 ● カラーボール、大きなボール

あそびかた

・親がボールを下から投げ、子はそれを手のひらで打つ。
①いろいろな手の出し方をする。上から、横から、下から。
②ジャンプして打つ。
③走ってきて打つ。

• 上から •

• 横から •

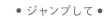

• ジャンプして •

アレンジ

A）同じようにして、大きなボールを打ってみる。
B）親は子の左右にボールを投げ、子は動いてそれを打つ。

• うちわで •

道具を使って打つ

投げられたボールを道具を使って打つ

対象年齢 ● 3歳から6歳くらいまで

コーディネーション ● 定位／識別／反応／連結／リズム化／バランス／変換

道具 ● ふうせん、カラーボール、ビーチボール、うちわ、ラップの芯など

あそびかた

・いろいろなボールを、いろいろなもので打つ。
①親はふうせんを投げ、子はうちわで、それを打つ。
②親はカラーボール（小さなボール）を投げ、子はうちわで、それを打つ。
③親はビーチボールを投げ、子はラップの芯で、それを打つ。
④親はカラーボール（小さなボール）を投げ、子はラップの芯で、それを打つ。

\ アドバイス /

・どんな打ち方をしてもOK。道具を持ち、ボールにアジャストする感覚をつかむ。
・新聞を丸めたものやラケットなど、道具は危険な物でなければ、なんでもよいので打ってみる。

• ラップの芯で •

• 丸めた新聞紙で •

コーチ

たとえば、バットを水平に振る動作は、筋力がある程度つき、体を水平に回せるようになってできるものです。幼児期には、こちらに迫ってくる物（ボールなど）との間合いをはかりながら（変化する距離や速度を把握しながら）、手に握ったものをタイミングよく当てる、という神経回路つくることも、とても大切なことなのです。

• 4章 •

タイミングを
合わせる力
（リズム化能力）

音や人の動きに合わせて、タイミング
よく動ける力です。動きにリズムやテン
ポをつけたり、ボールや人の動きとタイ
ミングを合わせるなど、スムーズで、テ
ンポのよい動きの基になります。

ペンギンの親子

2人の動きのタイミングを合わせる

enjoy **1**

対象年齢 ● 2歳から3歳くらいまで

コーディネーション ● リズム化／バランス／定位／反応／連結

あそびかた
①親の足に子の足をのせ、体を左右にゆらしながらタイミングよく歩く。
②同じようにして、後ろ向きにも歩いてみる。

＼アドバイス／

・親は子の肩を持ったり、手をつないだりする。
・親は、最初はしっかり支えるが、少しずつ支える力を弱めていく。

• かえる •

enjoy **2**

ぴょん

／パン＼

＼アドバイス／

かえるは1・2・3のリズムで。
犬や猫は1・2・3・4のリズムでできると動きがスムーズになる。

動物歩き

動物のマネをして体を移動する

対象年齢 ● 3歳から6歳くらいまで

コーディネーション ● リズム化／バランス／定位／反応／連結／識別／変換

あそびかた
・四足歩行の動物の歩き方（移動）のマネをしてみる。
①かえる
＊①両足でピョンととび、②床に手をついてから、③足をつく。
②犬と猫
＊①左足→②左手→③右足→④右手、の順に前にだしていく。

／ピタッ＼

・ワニ・

ノッシノッシ

アレンジ

このほかにも、つぎのような動物に挑戦してみましょう。

A）ワニ
　＊①左足・右手→②右足・左手。ノッシノッシと大きく手足を動かす。

B）ヘビ
　＊仰向けになり、体をくねらせながら、少し頭の部分を持ち上げ、前に進む。

C）アヒル
　＊ひざをしっかり曲げ、お尻を落とす。その状態で、体を左右にゆらしながら足を前に出す。①体を左に傾け右足前→②体を右に傾け左足前。

D）くも
　＊仰向けの状態で両手・両足の四足歩行をする。じっさいのくもは6足歩行なのでうまくマネはできないが、四足歩行で前後左右に動いてみる。

E）アザラシやセイウチ
　＊うつ伏せになって手を床につき、ひじをのばして上半身を上げ、手の力だけで進む。

・アヒル・

ペタペタ

・ヘビ・

クネクネ

・アザラシ／セイウチ・

ズルズル

ペタペタ

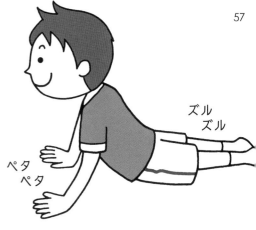

・くも・

ササササッ

コーチ

子どもと一緒に、犬や猫の歩き方を観察してみましょう。
ゆっくり歩いているときは①左足→②左手→③右足→④右手と、1・2・3・4のリズムで「タン・タン・タン・タン」と動いていることがわかります。
しかし、移動の速度が速くなると、左足と左手、右足と右手の時間差が短くなり（ほとんど同時につくように見え）、リズムは「タ・タン、タ・タン」となります。
さらにスピードを増すと、①左足→②左手・右足→③右手・左足というように、左手・右足が同時についているように見え、リズムは「ダダッ・ダダッ」となります。
全力疾走では、①右足・左足でジャンプ→②右手・左手で着地になりますが、見た目は両足とび両手着地で、リズムは「ダダーン・タタ・ダダーン・タタ」となります。

ジャンプでグーパー

ジャンプにリズムをつけた動き

対象年齢 ● 3歳くらいから大人まで

コーディネーション ● リズム化／バランス／定位／反応／連結／識別／変換

\ アドバイス /

・最初は「1・2・サーン」で親が足を開き、子はジャンプして足を閉じて着地。「2・2・サーン」で親が足を閉じ、子はジャンプして足を開いて着地。
・できるようになってきたら、「イチ・ニー」のタイミングで行う。

あそびかた

親は長座で足を開閉するのに合わせ、子も足を開閉しながらジャンプする。

1・2
1・2♪

アレンジ

手をつなぎ、親は立って片足を上げ、左右に「1・2」と振る。子はそれに当たらないようにジャンプする。慣れてきたら手を離す。

\ アドバイス /
・最初は「ターン・タン・ターン・タン」
　と、1拍置くリズムでゆっくり行う。
　「イーチ、ニーイ、サーン、ヨーン…」
　と、ゆっくり数を数えながらやる
　とよい。
・慣れてきたら、「タン・タン・タン・
　タン」と、1拍置かずにやってみる。
　「イチ・ニイ・サン・ヨン…」と、
　数を数えながらやるとよい。

enjoy
4

2人でぴょん・横

2人のタイミングを合わせて動く

対象年齢 ● 5歳くらいから大人まで

コーディネーション ● リズム化／バランス／定位／
　　　　　　　　　　反応／連結／識別／変換

道具 ● なわとび

あそびかた
①2人で手をつなぎ、一方の手になわとび
　をもち、2人でタイミングよくとぶ。
＊とぶときに手が離れてしまってもよい。
②同じようにして、なわを後ろ回しでとぶ。

アレンジ
A・B）①②を
けんけんでやっ
てみる。

\ アドバイス /
最初はゆっくり、少し
ずつ速く回す。声を
そろえて数を数える。

あそびかた
①親が前、子が後ろになっ
　て、2人でなわとびを
　する。なわは親が回す。
②子が前、親が後ろになっ
　て、2人でなわとびを
　する。なわは親が回す。

アレンジ
A）①②と同じようにして、
　子がなわを回す。
B）①②と同じようにして、
　子はタイミングよく、
　なわから抜けたり入っ
　たりする。

enjoy
5

2人でぴょん・縦

2人のタイミングを合わせて動く

対象年齢 ● 5歳くらいから大人まで

コーディネーション ● リズム化／バランス／定位／反応／連結／識別／変換

道具 ● なわとび

＼アドバイス／

・手をのばし、お互いに
引き合いながら、タイ
ミングよく立つ。
・2人の足先が離れてい
るとむずかしいので、
くっつけるか重ねるよ
うにするとよい。

enjoy 6

「せーの！」で立とう

力の大きさ、方向、入れるタイミングを合わせる

対象年齢 ● 3歳くらいから大人まで

コーディネーション ● リズム化／バランス／定位／
連結／識別／変換

あそびかた

①親と子で、手をつないでしゃが
み、お互いの手を引き合いなが
ら、「せーの！」で立ち上がる。
②同じようにして、片足でもやっ
てみる（親は両足でもよい）。

enjoy 7

大きなおうち

力の大きさ、方向、入れるタイミングを合わせる

対象年齢 ● 4歳くらいから大人まで

コーディネーション ● リズム化／バランス／定位
／連結／識別／変換

＼アドバイス／

「せーの！」のかけ
声と同時に、スーッ
とリズムよく立てる
ようにしよう。

コーチ

相手の体から伝わる力を感じ、
それを利用しながら、体を操作
することを覚えます。簡単そう
に見えますが、同時にいくつも
の機能を必要とする動きです。

あそびかた

①背中を合わせて座り、
腕を組む。「せーの！」
のかけ声で、背中を合
わせながら立っていく。
②同じようにして、腕を
組まずに立っていく。

・子の片側の足・

\ アドバイス /
・つないだ手の片側をで
きるだけ低くして、足
をくぐらせるとよい。
・むずかしい場合は、イ
ラストのようにタオル
を持ってやるとよい。

enjoy
8

手の輪くぐり

バランスをとりながらタイミングを合わせる

対象年齢 ● 5歳くらいから大人まで

コーディネーション ● バランス／リズム化／定位／連結／識別／変換

道具 ● タオル

あそびかた

①親と子は両手をつなぎ、（つないだ手と逆の）足を手の
向こうにくぐらせる。手を放さず、もう一方の足もくぐ
らせる（このとき背中合わせになる）。片足ずつ戻す。

＊最初は、子の片足→親の片足→子の反対足→親の反対足、
と順番にくぐるとよい。

②同じようにして、親子で、同時に片足ずつくぐらせる。

・親の片側の足・

・親のもう一方の足・

クルン！

・子のもう一方の足・

ドリブル
できるかな

ボールが弾むリズムに合わせてつく

• 落としてキャッチ •

対象年齢 ●	3歳くらいから大人まで
コーディネーション ●	リズム化／バランス／定位／反応／連結／識別／変換
道具 ●	ボール（弾むもの）

あそびかた：ひとりでできる

①子どもひとりで。両手でボールを落として、両手でキャッチ。これをくり返す。

②同じようにして、キャッチしたら、すぐにボールを放して、キャッチ。
＊「ポン（落とす）・パ（キャッチ）・ポン・パ…」と、声に合わせる。

③両手で下にボールを突くように落として、キャッチ。これをくり返す。
＊「ドン（突く）・パ（キャッチ）・ドン・パ…」と、声に合わせる。

④両ひざを床について、両手でドリブル。
＊「ポン（突く）・ポン・ポン・ポン…」と、声に合わせる。

⑤片ひざを床につき、ひざをついたほうの手でドリブル。
＊「ポン（突く）・ポン・ポン・ポン…」と、声に合わせる。

⑥立って、片手でドリブル。
＊「1・2・3・4・5…10」と、ボールを突くタイミングで数を数える。

⑦ドリブルしながら歩く。

⑧ドリブルしながら後ろ歩き。

• 突くように落としてキャッチ •

• 片手でドリブル •

• 両手でドリブル •

//////// コーチ //////////////////////////

親もいっしょにやり、手本を見せてあげることが大切です。目で見た動きを脳内で構成し、指令を出して体を動かす。この過程がリズム感にもつながります。

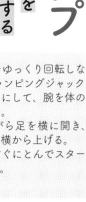

\アドバイス/
最初は親と向き合いながらやるとよい。

イチ

イチ

ニ

enjoy 10 へんてこ走り

走りながら動きでリズムを表現する

対象年齢 ● 5歳からくらいから大人まで

コーディネーション ● リズム化／バランス／定位／反応／連結／識別／変換

あそびかた：ひとりでできる

＊走っても、その場で駆け足（足踏み）でもよい。
①1・2・3・1・2・3のリズムで走り、1のときに足を高く上に上げる。
②同じように1・2・3のリズムで走り、1のときに足を後ろにける。
③同じように1・2・3のリズムで走り、2のときに足を横にだす。

アレンジ

1のときは足を上、3のときは後ろにける。

enjoy 11 開閉ジャンプ

動きを加えたジャンプをしながらリズムを表現する

対象年齢 ● 5歳からくらいから大人まで

コーディネーション ● リズム化／バランス／定位／連結／識別／変換

あそびかた

・開閉ジャンプをゆっくり回転しながら行う。＝ジャンピングジャック
・足を腰幅くらいにして、腕を体の横に下げて立つ。
・ジャンプしながら足を横に開き、腕を頭の上まで横から上げる。
・着地したら、すぐにとんでスタートの状態に戻る。
これをくり返す。

アレンジ

同じようにして、足を前後に開閉しながら行う。（右のイラスト参照）

・足を横に開く・

・足を前後に開く・

ステップワーク

多様で機敏なステップに挑戦する

対象年齢 ● ４歳からくらいから大人まで

コーディネーション ● リズム化／バランス／定位／反応／連結／識別／変換

あそびかた：ひとりでできる

下に示した図のようにさまざまなステップを経験する。

①両足ジャンプ：リズムよく両足でジャンプし、少しずつ前に進む。

②片足ジャンプ：リズムよく片足でジャンプし、少しず前に進む。
　最初はまっすぐ前に進み、次は線をまたぎながらジグザグに進む。
＊利き足でやったら、次は反対の足でやってみる

③開閉ジャンプ：リズムよく足を開いたり閉じたりしながら、少しずつ前に進む

④ジャンプカット：リズムよく両足ジャンプで左右に移動しながら、少しずつ前に進む

⑤スラローム：リズムよく右⇒中⇒左⇒中⇒右と両足ジャンプをしながら、少しずつ前に進む

⑥スキップＡ：リズムよく小さくスキップしながら前に進む。
　スキップＢ：リズムよく小さくスキップし、体をひねりながらジグザクに前に進む
＊線の左側を右足スキップ→線の右側を左足スキップ

⑦ケンケンパ：リズムよくケンケンパ（片足ジャンプ→片足ジャンプ→開いて止まる）をくり返しながら、前に進む
＊①～⑦の動きを後ろ向きでも行う

● 両足ジャンプ ●

まっすぐ進む　　ジグザグに進む

● 片足ジャンプ ●

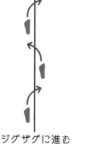

● 開閉ジャンプ ●

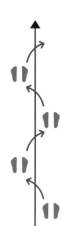

● ジャンプカット ●

● スラローム ●

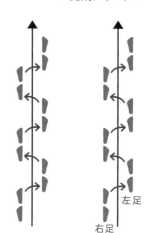

Aまっすぐ進む　　B体をひねりながら進む

右足　　左足

● スキップ ●

● ケンケンパ ●

////// **コーチ** //////

近年ではスポーツクラブなどで「ラダー」というはしご状の用具を使い、リズム走りをするところが増えています。とても良い運動ですが、ラダーをお持ちでない方は、土の上に線を引いたり、室内なら１本のひも（なわとびや荷物をしばるロープ）を用意すれば十分にできます。私が子どもの頃は、公園の地面に足先で線を書き「ケンパ、ケンパ、ケンケンパ」などの動きをよくやったものです。

・5章・

情報にすばやく
応じる力
（反応能力）

人の動き、光や音など、外部からの情報をすばやく察知し、正しく、スピーディに動き出せる力です。目や耳、触覚などの感覚器から得た情報にすばやく反応した動きの基になります。

enjoy 1

タオル押さえ

すばやい反応でキャッチする

対象年齢 ● 3歳くらいから4歳くらいまで

コーディネーション ● 反応／識別／リズム化／バランス

道具 ● フェイスタオルなど

\アドバイス/

慣れてきたら、親はタオルを引くマネをしたりする。

あそびかた

①タオルを床に置き、親はその端を持ち、子はその上に手を構える。親がタオルを引いたら、子は上からそれを押さえる。
②立ち上がり、子はタオルの上に足を少し上げて構える。親がタオルを引いたら、子は足でそれを押さえる。
②立って、子の手のひらの上にタオルを乗せ、親はそれをひっぱり、子はつかむ。

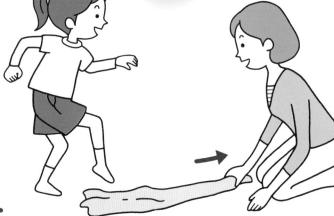

enjoy 2

タオルとりっこ

すばやい反応でキャッチする

対象年齢 ● 3歳くらいから5歳くらいまで

コーディネーション ● 反応／識別／リズム化／バランス

道具 ● バスタオルなど長めのもの

あそびかた

①親子は向かい合って立ち、足の間にタオルを置く。「せーの、タオル！」と親が声をかけたらタオルをとる。「タヌキ」とか「タマゴ」と言った場合は、とらない。
②同じようにして、背中合わせになってやる。

\アドバイス/

・①は頭がぶつからないように注意する。
・②はお尻がぶつからないように、少し離れる。ぶつかっても転ばないよう耐える。
・第3者が「せーの、タオル」のかけ声をかけてもよい。

猫とネズミ

ジャンケンしてすぐに鬼ごっこ

対象年齢 ● 4歳くらいから大人まで

コーディネーション ● 反応／定位／連結／識別／リズム化／バランス／変換

道具 ● ハンカチ、カード（手作り）

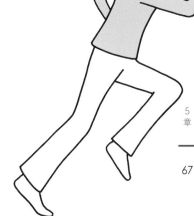

あそびかた

①ジャンケンをして負けたほう（ネズミ）はすぐに立ち上がって逃げ、勝ったほう（猫）はすぐさま追いかけてタッチする。

②同じようにして、足でジャンケンして、猫がネズミを追いかける。

コーチ

勝った方（猫）は「ニャン」、負けた方（ネズミ）は「チュウ」と鳴きながら立ち上がるようにしたり、「猫」と「ネズミ」のカードを置いておいて、それをとってから走るなど、あそびかたに変化をつけるのもオススメです。楽しく動作を増やして、神経回路を刺激してあげましょう。ハンカチをシッポのように腰に挟んでぶら下げ、それをとるようにすると、「よける」「とる」という動作も加わります。

アレンジ

A）同じようにして、手でジャンケンして、負けた方（ネズミ）が猫を追いかける。

B）同じようにして、足でジャンケンして、負けた方（ネズミ）が猫を追いかける。

うごく橋

テーマごとに姿勢を変えて、状況によって姿勢を調節する

対象年齢 ● 4歳くらいから大人まで。

コーディネーション ● 反応／定位／連結／識別／リズム化／バランス／変換

道具 ● ボール（小さいボールから始め、徐々に大きくしていくとよい）

あそびかた

・子は体を使って次のような橋をつくり、親は橋の隙間に向かってボールを転がす。ぶつかりそうなら、子はその部位を動かしてよける。
①斜め橋
＊両ひじを床につき、お尻を上げる。
②長い橋
＊四つ這いの姿勢から、片足と（逆側の）片手を水平に上げる。
③横向き橋
＊片方の手を床につき、横向きに体を伸ばす（ひじをついてもよい）。
④N字橋
＊仰向けに寝て、ひざを立て、頭を浮かせる。できる子は腰から上を浮かせる。
⑤山橋
＊両手と両足をつき、お尻を高く上げる。
⑥V字橋
＊仰向きに寝て、足と頭を浮かせる。

////// コーチ //////////////////////
姿勢維持の運動にもなりますが、体の操作を覚えます。

● 斜め橋 ●

● 横向き橋 ●

● 長い橋 ●

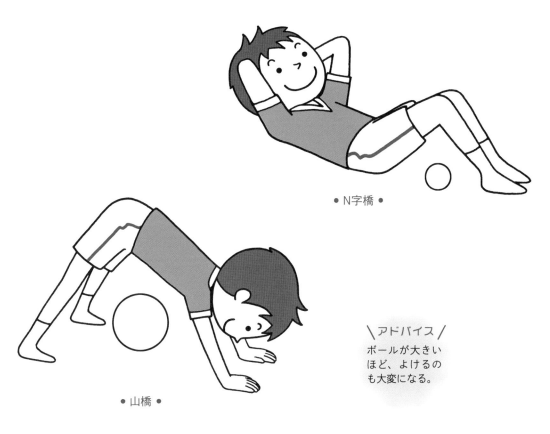

● N字橋 ●

● 山橋 ●

\ アドバイス /
ボールが大きい
ほど、よけるの
も大変になる。

アレンジ
この2ページの姿勢がつくれ
るようになったら、次は親が
ボールを投げる瞬間に「斜め
橋!」などと指令を出し、子は
すばやくその姿勢をつくる。

● V字橋 ●

5

急ブレーキ

指令に反応して動く

対象年齢 ● 3歳くらいから5歳くらいまで

コーディネーション ● 反応／定位／連結／識別／リズム化／バランス／変換

アレンジ

同じようにして、動物の名前を言ったときだけ止まる。
＊「トラ」「キリン」などでは止まり、「バナナ」「トランプ」は止まらない。

＼ストップ！／

あそびかた

①子は親の周りを走り、親が「ストップ！」と言ったら、すぐに止まる。
②同じようにして、親が「手」と言ったら、手を床につく。
＊「お尻」「背中」「お腹」「ひじ」など、ほかの部位を着床させてもよい。

enjoy
6

とる？ よける？

条件に反応して動く

対象年齢 ● 4歳くらいから大人まで

コーディネーション ● 反応／定位／連結／識別／リズム化／バランス／変換

道具 ● 赤と青のカラーボール

＼アドバイス／
青ならよける、赤ならとるなど、途中で条件を変えてみる。

あそびかた

親は赤と青の2つのボールを持つ。子は、離れたところから親の方に走ってくる。親はどちらか一方のボールを投げる。子は、青だったらとり、赤ならよける。

びっくりキャッチ

ボールを見つけてキャッチする

対象年齢 ● 5歳くらいから大人まで

コーディネーション ● 反応／定位／連結／識別／変換

道具 ● ボール（軽いもの）

あそびかた

親は子の背面からボールを投げ（頭越しに）、子はそれを体の前でキャッチする。

アレンジ

A）親と子は向き合い、親は子の頭上を越えてボールを投げ、子はクルッと後ろを向いてキャッチする。

B）子は壁のほうを向き、親は壁に向かってボールを投げる。子は壁からはね返ってきたボールをキャッチする。

コーチ

あるていどボールをキャッチできるようになった子なら、楽しくあそべます。キャッチできない子でも、ボールを見て反応するという神経回路の刺激にはなります。

手のひらテニス

とんできたボールを打ち返す

対象年齢 ● 5歳くらいから大人まで

コーディネーション ● 定位／反応／連結／識別／リズム化／バランス／変換

道具 ● テニスボールや弾むゴムボール、スリッパやうちわなど

\アドバイス/

はじめは軽く投げたボールをワンバンドでとらえ、慣れてきたら連続して行い、徐々にノーバウンドでも続けられるようにする。

コーチ

打ち方を変えていくことで、ボールへの反応が変わってきます。

あそびかた

・テニスボールを手のひらで打って返す。
①指先を下向きにして打つ。
②指先を横向きにして打つ。
③指先を上向きにして打つ。

アレンジ

スリッパやうちわ、お菓子の箱のふたなどで打ってみる。

コーチ

この運動は、一定のところへボールが来るわけではなく、左右や上下にずれたり、連続で打ち返されたりしたボールに反応するものです。これまで紹介したように、ボールを打つには定位能力や識別（分化）能力も必要で、この運動はそうした能力を複合的に使っています。

• 6 章 •

スムーズにムダなく
動く力
（連結能力）

いくつかの異なる動きをスムーズにつ

なげ、一連の流れるような動きにする力

です。関節や筋肉などの動きをタイミン

グよく同調させ、躍動的かつパワフルな

動きの基になります。

ワニまたぎ
手をつきながら連続して
とび越える

対象年齢 ● 3歳くらいから6歳くらいまで

コーディネーション ● 連結／定位／識別／
バランス／リズム化

あそびかた
①親はうつ伏せに寝て、子は親の背中に手をつき、横にジャンプして越える。
②同じようにして、連続して行う。

アレンジ
A）子は少しずつ前に移動していく。首のところまできたら、戻っていく。
B）親は正座してうずくまったり、四つ這いになるなど姿勢を少しずつ高くし、子は親の背中に手をついてとび越える。

アドバイス
・親は足を開いておくと、子は踏み切りがしやすい。
・肩を前に出して体を支える動きを覚える。

馬のり
とび箱にとびのるように行う

対象年齢 ● 4歳くらいから6歳くらいまで

コーディネーション ● 連結／定位／識別／バランス／
リズム化／変換

あそびかた
①親は馬（四つ這い）になり、子は親の腰に手をついて、とびのる。
②背中にのったら、両手で体を浮かせながら、前に移動し、横に降りる。

アレンジ
同じようにして、子は親の背中に手をついて、頭をとび越える。

コーチ
子はひじをぴんと張り、とび越えて着地する位置を見るようにします。

のぼりタオル
自分の手でぶら下がる

対象年齢	● 5歳くらいから6歳くらいまで （親が支持できる体重まで）
コーディネーション	● 連結／定位／識別／バランス ／変換／反応
道具	● 長めのタオル

あそびかた
①①親はタオルを持つ。子は両手でタオルをつかみ、両足ではさみ、ぶら下がる。親はそれをゆらゆらとゆする。
②同じようにして、子はタオルを昇ってみる。

＼アドバイス／
万が一、落下したときに備え、布団の上などでやると、子ども安心できる。

コーチ
39ページの運動はタオルをつかんだ状態の子を親が持ち上げました。こちらは子どもが立った姿勢からぶら下がり、さらに上に昇ろうとする運動です。全身のより強い力やバランスが必要です。

アレンジ
足は使わず、手だけで昇ってみる。

コーチ
昔、小学校で「昇り棒」をやったことがあるでしょう。そのタオル版です。足を使うときは、太ももではさんでも、足の裏ではさんでもOKです。いろいろな部位の連係が必要ですが、やっているうちに体がそれを覚えてきます。子どもは理屈ではなく、体で覚えるのです。

enjoy 4

ぽっくり歩き
手足を連動させて動く

対象年齢 ● 4歳くらいから6歳くらいまで

コーディネーション ● 連結／定位／識別／バランス
／リズム化

道具 ● 空き缶（フルーツ缶などの硬いもの）2個、
ひも（荷物ひもなど）

ぽっくりのつくりかた

1）空き缶（ふたが残っている方）に、2
か所穴を開ける。2缶とも同じように。
＊釘などで小さな穴を開け、ドライバーな
どを使って穴を大きくしていく。
2）穴にひもを通し、子どもの腰くらいの
長さで結ぶ。2缶とも同じように。

あそびかた
空き缶で「ぽっくり」をつく
り、それを使って歩いてみる。

コーチ
簡単そうですが、手と足を同調
させないと、うまく歩けません。
最初はゆっくりやってみましょ
う。また、自分であそび道具を
つくる、という体験は、子ども
の好奇心や創造力・想像力にも
つながります。
缶の厚さや大きさを変えること
で感覚の変化があります。高さ
のある缶を使うときは捻挫にご
注意ください。

あそびかた
①足の間にボールをはさみ、ジャンプし
ながらそれを上にあげ、キャッチする。
②ボールを少しずつ高く上げていく。

enjoy 5

足と手でキャッチボール
手足で連携してバランスよく動く

対象年齢 ● 3歳くらいから6歳くらいまで

コーディネーション ● 連結／定位／識別／バラ
ンス／リズム化／反応

道具 ● ボール（体と体力に合うもの）

コーチ
できないときは、「ボールを足のどこにはさむとや
りやすいかな？」など、ヒントを与えながら行うと
よいでしょう。単調な動きのあそびでは、できたら
ほめることで、集中力や、考えて工夫することを覚
えます。小さな成功体験を重ねることで、子どもは
意欲的になり、挑戦心が育ちます。

アレンジ
A）同じようにして、ボールを
後ろにあげて、クルッと
振り向いてキャッチする。
B）大きめのボールと小さめの
ボールでやってみる。

enjoy
6 バケツでキャッチ

用具を使ってボールを捕る

対象年齢 ● 4歳くらいから6歳くらいまで

コーディネーション ● 識別／連結／定位／バランス／リズム化／反応

道具 ● カラーボール、バケツ（プラスチック）

\ アドバイス /

ボールがはねて出てしまわないよう、バケツを調整する。

あそびかた

子はバケツを両手で持つ。親はボールを下から山なりで投げ、子はバケツでキャッチする。

コーチ

バケツをお腹のところで抱えて捕る場合と、両ひじをのばし体から離して捕る場合とでは感覚が異なります。両方やってみるとよいでしょう。

アレンジ：ひとりで

バケツを床に置く。ボールを上に投げ、バケツをとってボールをキャッチする。

---

enjoy
7 コップでキャッチ

用具を使ってボールを捕る

対象年齢 ● 4歳くらいから大人まで

コーディネーション ● 識別／連結／定位／バランス／リズム化／反応

道具 ● カラーボール、紙コップ

あそびかた

①子は片手に紙コップ、反対の手にボールを持つ。ボールを上に投げ、紙コップでキャッチする。
②コップを持つ手、ボールを投げる手を反対にしてやってみる。

アレンジ

親がボールを投げ、子はそれをコップでキャッチする。

キックとトラップ

足と体幹の連係

対象年齢 ● 4歳くらいから大人まで。

コーディネーション ● 連結／定位／識別／バランス／
リズム化／変換／反応

道具 ● ボール（サッカーボール以外でもOK）、ペットボトル

あそびかた

・いろいろな方法で軽くボールをけり（キック）、止める（トラップ）。

①足の横でける：

A）アウトサイド（足の外側）で横に軽くけり、すぐに止める。

B）インサイド（足の内側）で横に軽くけり、すぐに止める。

＊同じ足で止めたり、違う足で止める。逆の足でもけってみる。

C）少し先にペットボトルを置く。インサイドで連続してけりながら、止まらずに進み、ペットボトルを周って戻ってくる。

D）同じようにして、アウトサイドでボールをけりながらペットボトルを周る。

＊C）D）ではできるだけボールを足から離さないようにする。

● アウトサイドキック ●

ピタッ!

ピタッ!

● インサイドキック ●

● 連続してけり
ペットボトルを
周って戻る ●

ピタッ！

• フロントキック •

あそびかた

②足の甲（フロント）で軽くけ
り、すぐに止める。
③足のうらを使ってボールを後
ろに転がし、すぐに止める。
＊②③とも、同じ足で止めたり、
違う足で止めたりする。逆の足
でもけってみる。
④4つの動きを合わせる：
インサイド→アウトサイド→
フロント→バック→止める。
＊逆の足でもやってみる。

• インサイド •

• 足のうらで後ろに •

ピタッ！

• アウトサイド •

• フロント •

• バック •

ピタッ！

あそびかた

⑤2回ずつ連続してけりながら前に進む。左方向→右方向→左方向→右方向…とジグザグに進んでいく。

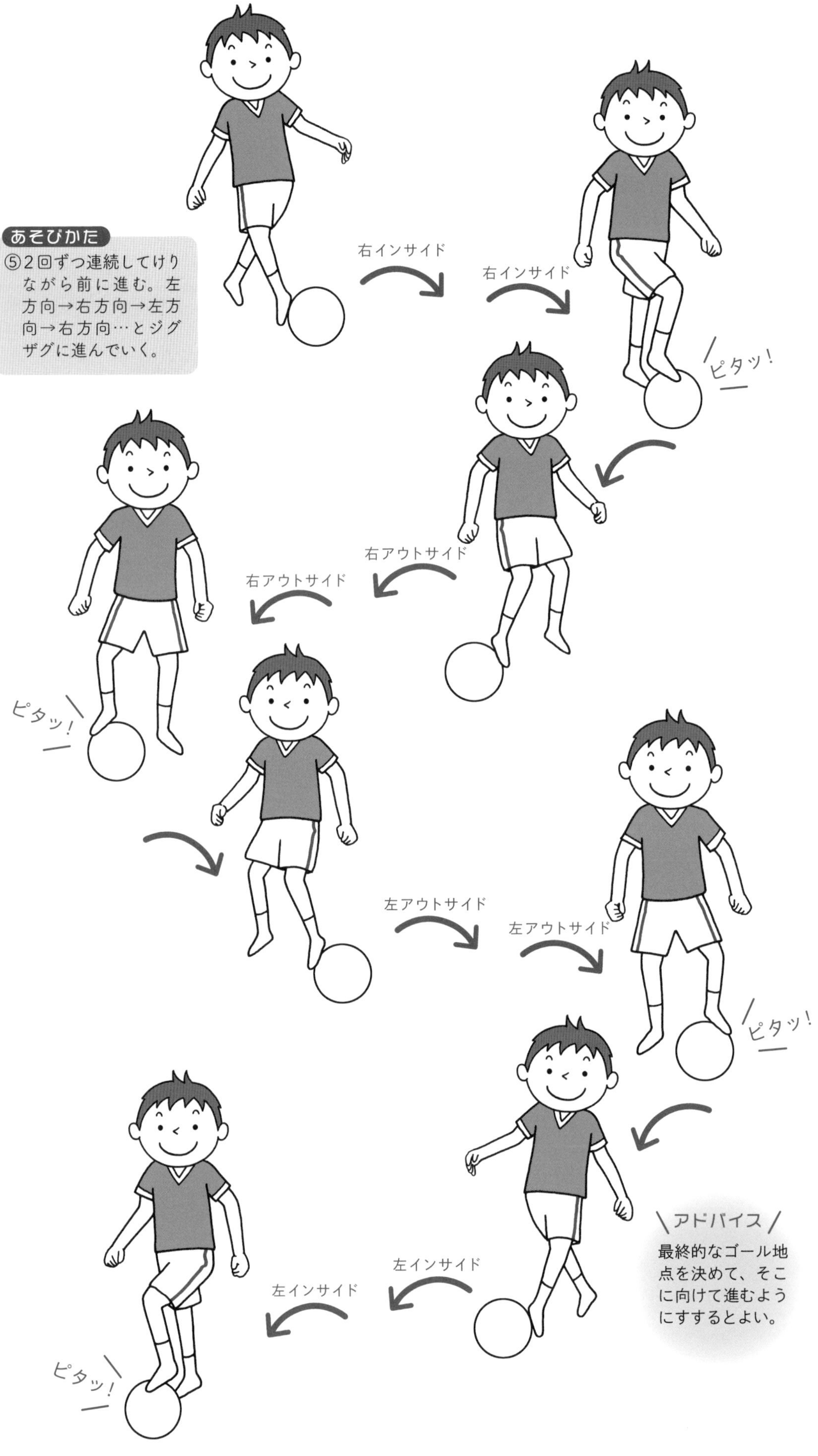

右インサイド

右インサイド

ピタッ！

右アウトサイド

右アウトサイド

ピタッ！

左アウトサイド

左アウトサイド

ピタッ！

左インサイド

左インサイド

ピタッ！

＼アドバイス／

最終的なゴール地点を決めて、そこに向けて進むようにすするとよい。

enjoy 9 大きく ケン・ケン・パー

大きな動作を連続でリズムよく行う

対象年齢 ● 3歳くらいから大人まで

コーディネーション ● 連結／定位／識別／バランス／リズム化／変換

ケーン！

ケーン！

あそびかた
ケン（左足とび）→ケン（左足とび）
→パー（両足着地）→ケン（右足とび）
→ケン（右足とび）→パー（両足着地）
で、できるだけ遠くまでとんでみる。

アレンジ
反対の足でもやってみる。

＼ アドバイス ／
・公園などで行うとよい。
・低年齢の子は、地面に○・
　○・○○を書いて練習す
　るとよい。
＊親が先にやり、「お父さ
　んを超えられるかな？」
　などと目標を示す。

コーチ
ケンケンをするときは腕を伸
ばして横に広げるとバランス
をとりやすくなります。

パッ！

6章

81

ホップ！

ステップ！

ジャーンプ！

パッ！

enjoy
10

ホップ・ステップ・ジャンプ

異なる動きを連続でリズムよく行う

対象年齢 ● 5歳くらいから大人まで

コーディネーション ● 連結／定位／識別／バランス／リズム化／変換

あそびかた
中学校や高校の体育でやった「三段とび」に挑戦してみる。
助走→ホップ（右足とび）→ステップ（右足とび）→ジャンプ（左足とび）→着地

アレンジ
反対の足でもやってみる。

コーチ
ケン・ケン・パーに、もうひとつ動作が加わったとびかたです。慣れないうちは、助走はなしでやってみましょう。公園などで、地面に○・○・○・○○と印を書いてあげると動きを覚えます。距離よりも、タイミングよくとべることを目指しましょう。

変化に応じて動きを 変える力

（変換能力）

状況に合わせて、とっさに動きを変え

たり、適切な動きを選択・実行できたり

する力です。状況判断、身体操作、定位・

反応能力などが複合的に絡み、高い運動

力の基になります。

ヨコヨコジャンプ

動作を切り替えながら動く

対象年齢 ● 3歳くらいから大人まで

コーディネーション ● 変換／定位／連結／識別／リズム化／バランス

あそびかた

①親子で両手をつなぎ、サイドステップ。2歩進んだら、ジャンプして、両手でハイタッチ。また手をつないで、2歩戻って、ハイタッチ。「ひだりひだりジャーンプ。みぎみぎジャーンプ」などと声を合わせて行う。

②3歩、4歩、5歩と増やし、スピードも上げていく。タイミングを合わせること。

\アドバイス/

かけ声は「イチ・ニイ・サーン」でも「ヨコ・ヨコ・ジャーンプ」でもなんでもよい。

ヨコ
ヨコ

● ヨコ・ヨコ・ジャーンプ ●

|タッチ!|

ジャーンプ

アレンジ

サイドステップの途中で、クルッと1回転する。「ひだりひだりひだり、クルッと回って、はいジャーンプ」などとリズムよく。

ヨコ
ヨコ クルン!

コーチ

スムーズに違う動きへ移るには、リズム感が大切。声を合わせると楽しく体が動きます。お弁当のおかずで「コロッケハンバーグ玉子焼き」とか、友だちの名前で「みゆちゃん、りくくん、もあちゃーん」など、子どもと一緒に考えるのもオススメです。

enjoy 2

ハイハイで山のぼり

状況の変化に合わせて動く

対象年齢 ● 3歳くらいから大人まで

コーディネーション ● 変換／定位／連結／識別／反応／バランス

アレンジ
A）バックしながら山を上ったり下ったり、横向きで上ったり下ったりする。
B）ハイハイ→後転→後ろハイハイ→前転（でんぐり返し）→横ハイハイ→体を伸ばして転がる。

enjoy 3

トンネルくぐって越えて

状況に合わせてすばやく体を動かす

対象年齢 ● 3歳くらいから大人まで

コーディネーション ● 定位／反応／変換／連結／識別／バランス

あそびかた
①親は四つん這いになり、子はその下をくぐり、背中を越える。
②30秒間に何回できるかな
ど、ゲーム性を持たせる。

＼アドバイス／
・手と足の間、両足の間、両手の間、すべてのトンネルを通る。
・回り方の順番や方向に変化をつけて行う。

enjoy 4 足鬼

状況を判断して動きを変える

対象年齢 ● 3歳くらいから大人まで

コーディネーション ● 変換／定位／連結／識別／反応／バランス／リズム化

あそびかた

①親と子は両手をつないで立つ。親は子の足を踏もうとし、子は逃げる。
②同じようにして、子が鬼になり、親の足を踏もうとし、親は逃げる。

アレンジ

同じようにして、片手をつないで足鬼をする。

アドバイス

遠くまで逃げないよう、せまい範囲で行う。畳1枚くらいのスペースが目安。

enjoy 5 しっぽ鬼

状況を判断して動きを変える

対象年齢 ● 3歳くらいから大人まで

コーディネーション ● 変換／定位／連結／識別／反応／バランス

道具 ● タオル

あそびかた

親子でジャンケンをして負けた方が鬼になる。勝った方は、ズボンの後ろにタオルをはさみ、しっぽをつくる。鬼はそれをとる。とったら、鬼は交代する。

アレンジ

親も子もタオルでしっぽをつくる。しっぽをとり合う。

enjoy 6

うちわ鬼
状況を判断して動きを調整する

対象年齢 ● 4歳くらいから大人まで

コーディネーション ● 変換／定位／連結／識別／
反応／バランス／リズム化

道具 ● うちわ（紙皿でもよい）、カラーボール

あそびかた
うちわの上にボール
をのせ、ボールが落
ちないように走る。

アレンジ
A）ペットボトルなどを置いてジ
グザグに走り抜ける。
B）同じようにして、親子ともに、
うちわの上にボールをのせる。
その状態で鬼ごっこをする。

＼アドバイス／
・うちわではなく、紙
皿を使ってもよい。
縁がある分、少し難
易度は下がる。
・利き手と反対の手で
もやってみる。

enjoy 7

通り抜け
動作や姿勢を変化させながら動く

対象年齢 ● 4歳くらいから大人まで

コーディネーション ● リズム化／定位／連結／識別／反応／
バランス／変換

道具 ● 長なわ（なわとびをつなぎ合わせる）

＼アドバイス／
大人一人のとき
は、なわの片方を
どこかに結び付
けて回すとよい。

あそびかた
親（両親）は長なわを回す。
子はタイミングをはかって
通り抜ける。

アレンジ
同じようにして、子はな
わに入って1回とび、抜
ける。これをくり返す。

コーチ
回っているなわに入るのは、子どもに
とってはこわいので、なわをゆっくり
回すことも大切です。この段階ではムリに行わないほうがよいでしょう。最
初は親と手をつなぎながらなわに入っ
たり、入るタイミングで背中をポンと
軽くたたいてあげるなどしてください。

なわとびできるかな

なわとびをする準備としてリズムや動きを覚える

対象年齢 ● 3歳くらいから5歳くらいまで

コーディネーション ● 変換／定位／連結／識別／反応／バランス／リズム化

道具 ● タオル、なわとび

あそびかた

なわとびをする前に、次のような動きを体験しておくとよいでしょう。

コーチ

なわとびは複数の動作が複合された理想的な運動と言えます。小学校の体育ではなわとびを活用しますが、上手にとべないことが原因で体育嫌いになる子もいると聞きました。幼児期から少しずつ慣れておくのもよいかもしれませんね。

①カンガルーとび
A）前進：足をそろえて、ぴょんぴょんはねながら前に進む。手はお腹のあたりに。
B）前後：タオルを丸めて足元に置き、前後にぴょんぴょんとぶ。
C）左右：タオルを丸めて足元に置き、左右にぴょんぴょんとぶ。
D）閉脚：上のA〜Cを、ひざの間にハンカチをはさみ、落とさないように行う。
＊閉脚で行うことで、体をコントロールできるようになります。

● カンガルーとび ●

②グーパーとび
「グー・パー・グーパー」と、リズムよく足の開閉を交互に行いながら前進する。
合わせて腕も動かす。グーは手を握って胸の前、パーは手と腕を大きく開く。
＊○ページの「ケンパー」などと同様に、違う動作の連続ジャンプは、自分の体をコントロールするのに適した運動です。

● グーパーとび ●

③ヘリコプター
A）1本：なわとびの把手をまとめて片手に
　　持ち、グルグル回す。頭の上方で回した
　　り、体の横で回したり、下に向けて回し
　　たりする。反対の手でもやってみる。
B）2本：なわとびをとぶときのように、左
　　右の手に1本ずつ持ち、回す。

● ヘリコプター ●

④止まりなわとび
なわとびを両手で持ち、後方から回
して、なわが下にきたら止める。その
なわを前後にとぶ。これをくり返す。

● 止まりなわとび ●

⑤大波・小波
親はなわとびを持ち、左右に振
る（回さない）。子はそれをとぶ。

● 大波・小波 ●

ダンゴむしボール

よりスムーズで力のある動きを身につける

対象年齢 ● 3歳くらいから5歳くらいまで

コーディネーション ● 連結／変換／識別／バランス／リズム化

道具 ● タオル

あそびかた

タオルの片端を結び、だんごをつくります。タオルの反対側を持ち、地面めがけて振り下ろす。「バン！」と大きい音がなったらOK。

アレンジ

紙鉄砲をつくって鳴らしてみる。

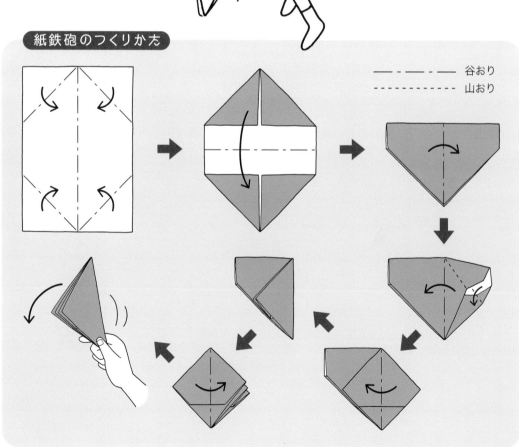

紙鉄砲のつくりかた

—・—・—・— 谷おり

- - - - - - - - 山おり

体をひねって ボールを投げる
ボール投げの姿勢変化

親は床にガムテープなど
を貼り、足の向きを示す。
↓↓・→子はそれをガイド
にボールを投げる（タオ
ルなどを置いてもよい）。

対象年齢 ● 3歳くらいから5歳くらいまで

コーディネーション ● 連結／変換／識別／バラ
ンス／リズム化／定位

道具 ● カラーボール、テープ

/アドバイス/
投げる前の振りか
ぶって投げる準備
をしたときに反対
の手を上げてバラ
ンスをとる。

コーチ
ボールを強く（遠く・速く）、上手に（コ
ントロールよく）投げるには、
①体をひねること、②足の方向定めること
が大きな成功要素となります。言葉ではな
く体で理解できるよう示します。

enjoy
11

目をつぶって ボールを投げる
距離や位置を感覚的につかむ

対象年齢 ● 3歳くらいから5歳くらいまで

コーディネーション ● 変換／定位／連結／識別／バランス／
リズム化

道具 ● カラーボール

的に向かって、目を
つぶって投げる。親
はその様子をスマホ
などに録画して、子
に見せる。「おしかっ
たね。もう少し上だ
ね」などと言いなが
ら、調整していく。

コーチ
運動の得意な子は「感知する能力」や「内観力」に
長けています。自分の内面と対話しながら、体を操
作できる能力です。また、他者の動きを見てマネが
できたり、それに合わせて動けたりするのも、この
能力があるからです。

タオルでポン

2つの道具をタイミングよく操作する

対象年齢 ● 3歳くらいから5歳くらいまで

コーディネーション ● 変換／識別／定位／連結／反応／バランス／リズム化

道具 ● ボール（なんでもよい）、タオル

あそびかた

親子でタオルの両端を持ち、ボールをのせる。「せーの！」というかけ声で、タオルを動かしてボールを上に上げて、タオルでキャッチする。
＊最初はカラーボールからはじめ、大きなボールでもやってみる。

アレンジ

A）同じようにして、今度はタオルでなく、2本のラップの芯を使って、ボールを上に上げ、キャッチする。
＊最初はビーチボールのような軽くて大きなボールでやるとよい。

B）子は両手にラップの芯を持ち、親がカラーボールを下から山なりに投げ、子はそれをラップの芯ではさんでキャッチする。

子どものスポーツを応援するお父さんお母さんへ

　私は自分自身がバレーボール競技者で、高校・大学と真剣に競技に取り組んできました。そして、いまは大学で学生たちに運動学やコーチ学を教え、男子バレーボール部の監督をしています。人生のほとんどがスポーツ、という人間です。

　なぜこんなにもスポーツに魅了されたのか？　なぜそれを深めようとしたのか？

　本書の執筆にあたりそれを自問し、出てきた答えはとてもシンプルなものでした。

　好きだから！　おもしろいから！　楽しいから！

　だから次々と興味がわいてくるし、苦労を伴ってもやり続けているのです。

＊

　イチロー選手が現役引退後「真剣な草野球」に取り組んでいるそうです。世界的なスーパースターの心中を推し量るのはとても失礼なのですが、彼の根底にあるのはやはり「野球が好き」というシンプルだけど熱い情熱なのだろう、と思いました。

　野球が好きだし楽しい！　それを原動力にして世界最高峰のMLBでも究極を突き詰める作業をした。だけど年齢的な問題もあり、その世界では力を発揮することが叶わなくなった。でも「野球が好き！野球は楽しい！」ということは少年時代のまま。そこから「真剣に草野球をする」という行動が生まれたのだと、私は考えています。

　どんな世界であれ真剣に全力で取り組む。そこにイチローさんの楽しさがある。

　やはり、好きとか楽しいに勝るものはないのだと思いました。

＊

　この本をつくるにあたって、３人の子にお願いし、運動あそびの検証を行ってもらったことは６ページに書きました。印象に残ったのは、３人の笑顔です。

　失敗しても笑顔、できたことをほめると、さらに得意満面な笑顔で「ねえ、つぎはなにやるの？」と言ってきます。

　運動はやっぱり楽しいんだな、と改めてスポーツの原点に触れた気がします。

　イチローさん、子どもたち、そして私。楽しいのカタチは人それぞれですが、各自がそれぞれの楽しいを成長させていくことが大事なのだと思います。

わが子を見守ってあげましょう

　仕事柄、私はアスリートたちと接する機会が多くあります。数えきれないほどの困難を乗り越え、ライバルとの勝負に勝ってきたごく一部の人たちです。しかしスポットライトを浴びる人がいるいっぽうで、挫折していく人が少なくないの事実です。

　もしもわが子が挫折したとき、お父さんお母さんはどうされるでしょう？

＊

　正解はわかりませんが、私はムリに立たせたり、引き上げたりするのはよくないと考えています。

　挫折して、心がくじけてしまっているのは当人なわけで、その子がもう1回「よしやってみよう」という気持ちを作るしかないのだと思っています。

　その結果、もう1度奮い立つ人もいますし、もういいやとなる人もいます。そのどちらも、やはり自分で決めるしかありません。たとえ親御さんといえども、他人がその気持ちを操作することはとてもむずかしいでしょう。

　それまで自分の中で培ってきた「好き」とか「楽しい」「やりたい」という気持ちが挫折の気持ちを上回れば「もう1度やろう」となるでしょうし、下回れば「やめる」という選択になっていくのだと思います。

＊

　では、やめるのが悪いのかと言えば、私はそうは思いません。

　人生にはさまざまな道があるからです。次の道に意気揚々と挑戦する。そんな強い心を作るのも、スポーツの力だと私は思っています。

　多様性は、そんなときにも大きな力になってくれます。「○○しかできない」ではなく「○○もできる」という幅の広さも人間には必要だと考えます。

　好きであること、楽しいこと、そして多様性を持つこと。

　幼児期の運動あそびにはそれが詰まっています。本書が子どもの無限の可能性を拓く何らかのきっかけになれば、著者として望外の喜びです。

高橋宏文

髙橋宏文……たかはし・ひろぶみ

東京学芸大学 健康スポーツ科学講座 准教授。同大学男子バレーボール部監督。1970年神奈川県生まれ。順天堂大学大学院修士課程コーチ学専攻を1994年に修了。大学院時代は同大学女子バレー部コーチを兼任し、コーチとしての基礎を学ぶ。大学院修了後は同大学助手として2年間勤務。この時期に男子バレー部のコーチを3年半務める。1998年10月より東京学芸大学に勤務。同大学で男子バレー部の監督を務めて1部リーグに引き上げ、優勝を目指して奮闘中。検証と研究に基づく論理的な指導を展開する一方で、柔軟でハートフルな人間味のある選手育成は高く評価されている。Vリーグ等で活躍する選手も多数輩出。現在は、バレーボールの指導のみならず、運動指導全般に目を向け、「運動する力」を伸ばす研究や学習を行う。こうした活動から得た知見をあらゆる指導に生かして実証を重ね、独特の指導理論を作り上げてきている。

Special Thanks

本書の運動あそびの検証・実演モデルをつとめてくださった方々。
りひとくん（6歳）かえでちゃん（6歳）ゆなちゃん（3歳）
3人とご家族のみなさまに深く御礼申し上げます。

幼児の運動あそび
親子で楽しむ魔法のレッスン帖

発行日 ● 2020年3月10日

著者 ● 髙橋宏文

発行人 ● 磯田肇
発行所 ● 株式会社メディアパル
〒162-8710 東京都新宿区東五軒町 6-24
TEL:03-5261-1171 FAX:03-3235-4645

企画・編集 ● 株式会社 BE-million

イラスト ● 瀬川尚志
ブックデザイン ● 大野恵美子（studio Maple）

印刷・製本 ● 株式会社堀内印刷所

Ⓒ Takahashi Hirobumi & BE-million, 2020 Printed in Japan

速く走る、高くとぶ、遠くに投げる、上手にとるという基本動作から
逆上がり、二重とび、逆立ち、側転などの体育で行う運動まで
上手にできるポイントを、わかりやすいイラストで紹介。
動きを分解したレッスンなので、順番にやっていけば、アラ不思議!
いつのまにかできて、身体能力も高まる、まさに魔法のレッスン帖。
本書「幼児の運動あそび」の次段階をカバーします。

メディアパル刊　定価：本体1300円＋税

ISBN978-4-8021-1018-1